T0203465

LAS COSAS DEL QUERER

FLAVITA BANANA

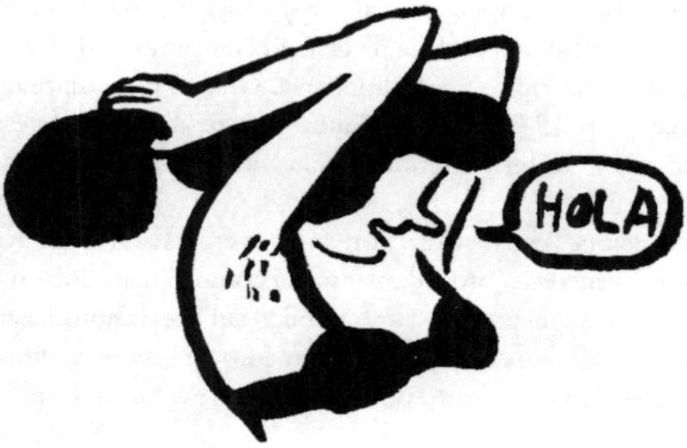
HOLA

Lumen

Las cosas del querer

Primera edición en España: febrero, 2017
Primera edición en México: octubre, 2017

D. R. © 2017, Flavia Álvarez-Pedrosa Pruvost

D. R. © 2017, Penguin Random House Grupo Editorial, S. A. U.
Travessera de Gràcia, 47-49, 08021, Barcelona

D. R. © 2017, derechos de edición mundiales en lengua castellana:
Penguin Random House Grupo Editorial, S. A. de C. V.
Blvd. Miguel de Cervantes Saavedra núm. 301, 1er piso,
colonia Granada, delegación Miguel Hidalgo, C. P. 11520,
Ciudad de México

www.megustaleer.com.mx

ISBN: 978-607-315-780-3

Impreso en México – *Printed in Mexico*

Esta obra se terminó de imprimir en los talleres de Impresora Tauro S.A .de C.V.
Av. Plutarco Elías Calles 396, col. Los Reyes, c.p. 08620, Ciudad de México

El papel utilizado para la impresión de este libro ha sido fabricado a partir de madera procedente
de bosques y plantaciones gestionadas con los más altos estándares ambientales, garantizando
una explotación de los recursos sostenible con el medio ambiente y beneficiosa para las personas.

Penguin
Random House
Grupo Editorial

POUR MAMAN

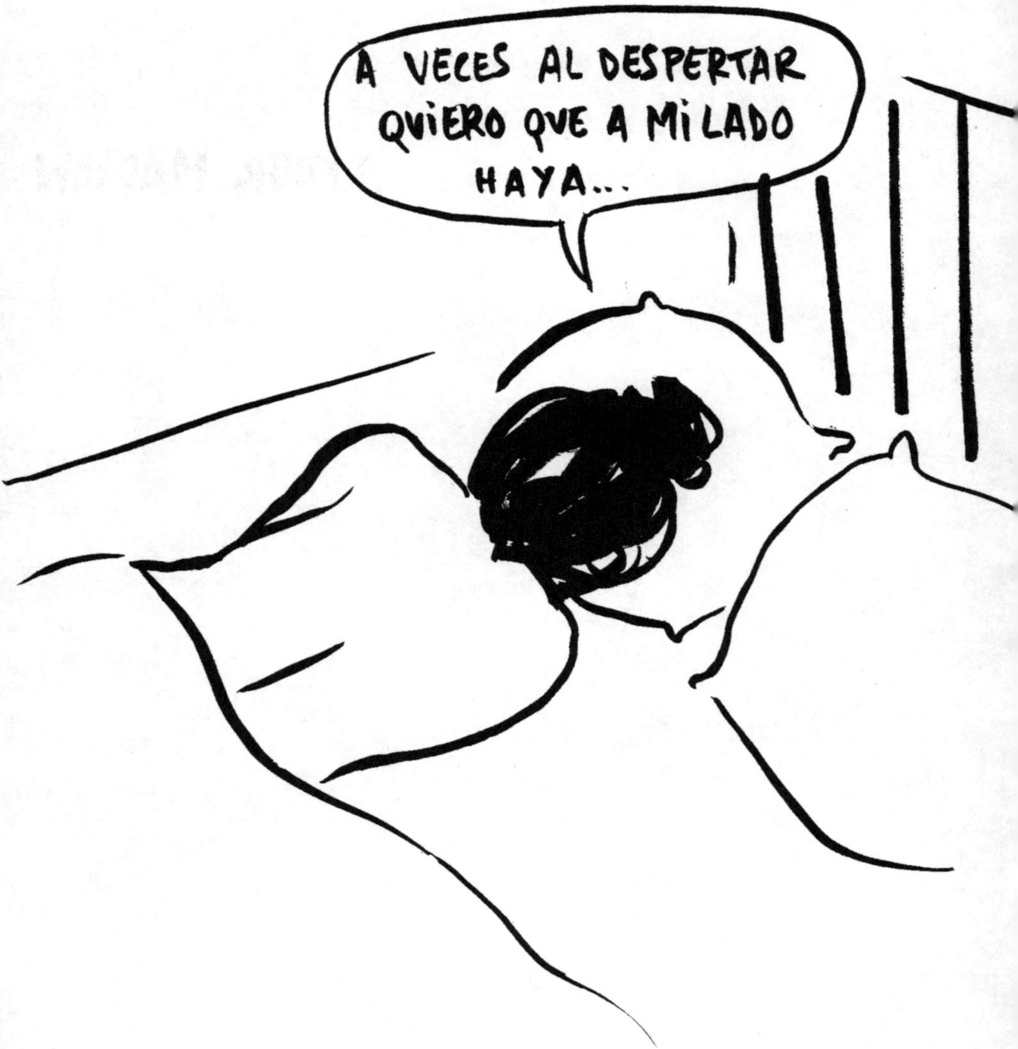
A VECES AL DESPERTAR QUIERO QUE A MI LADO HAYA...

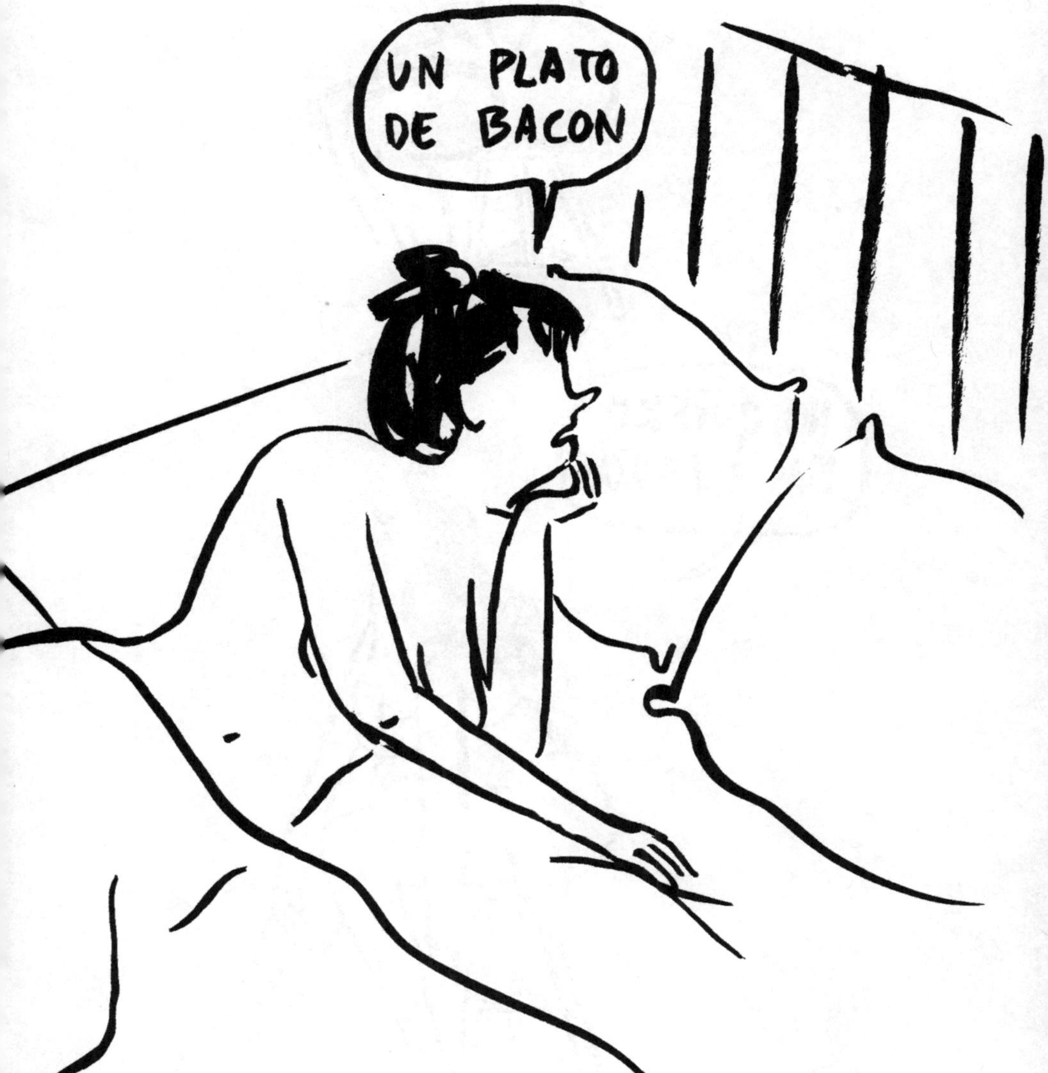
UN PLATO DE BACON

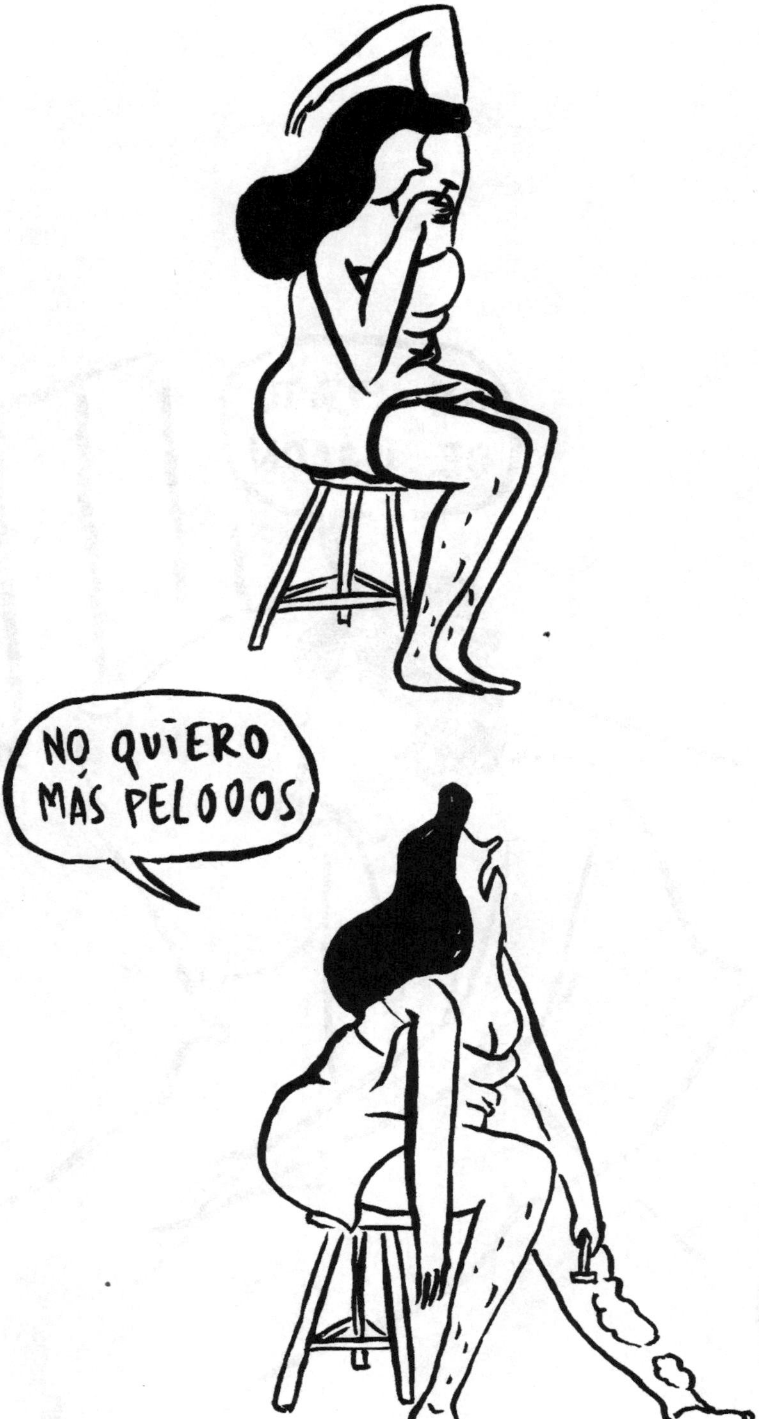
NO QUIERO MÁS PELOOOS

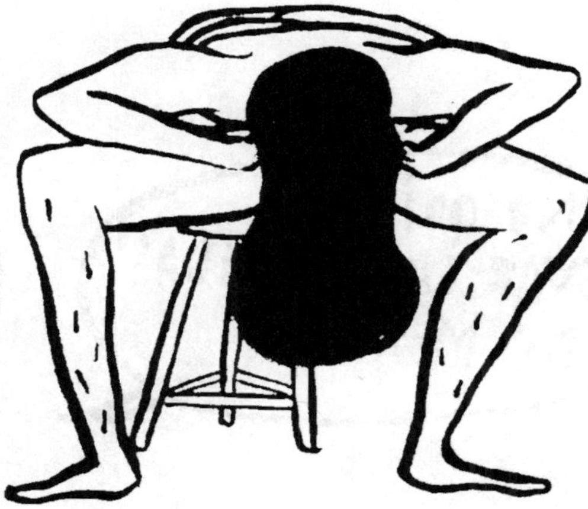

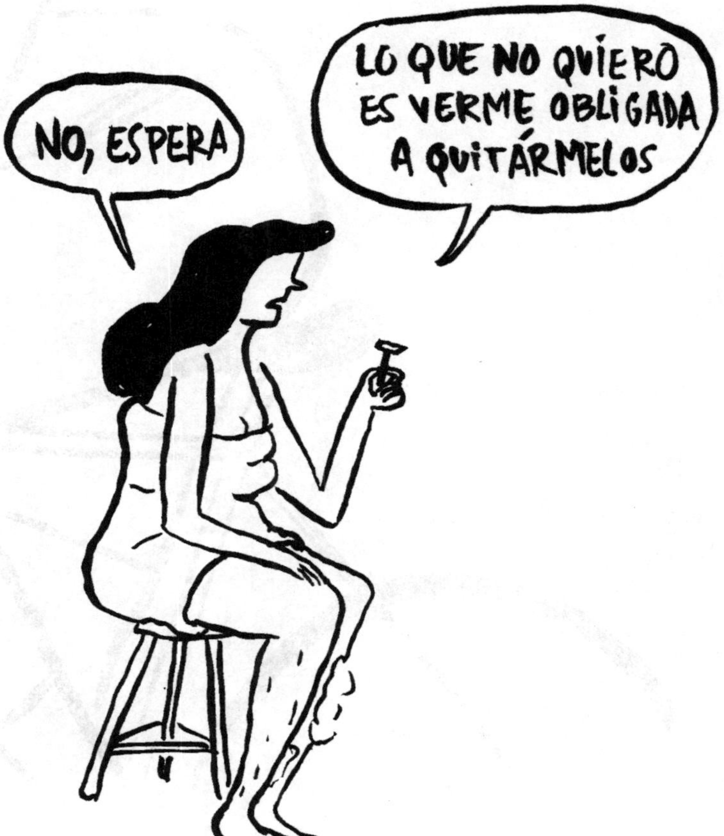
NO, ESPERA
LO QUE NO QUIERO ES VERME OBLIGADA A QUITÁRMELOS

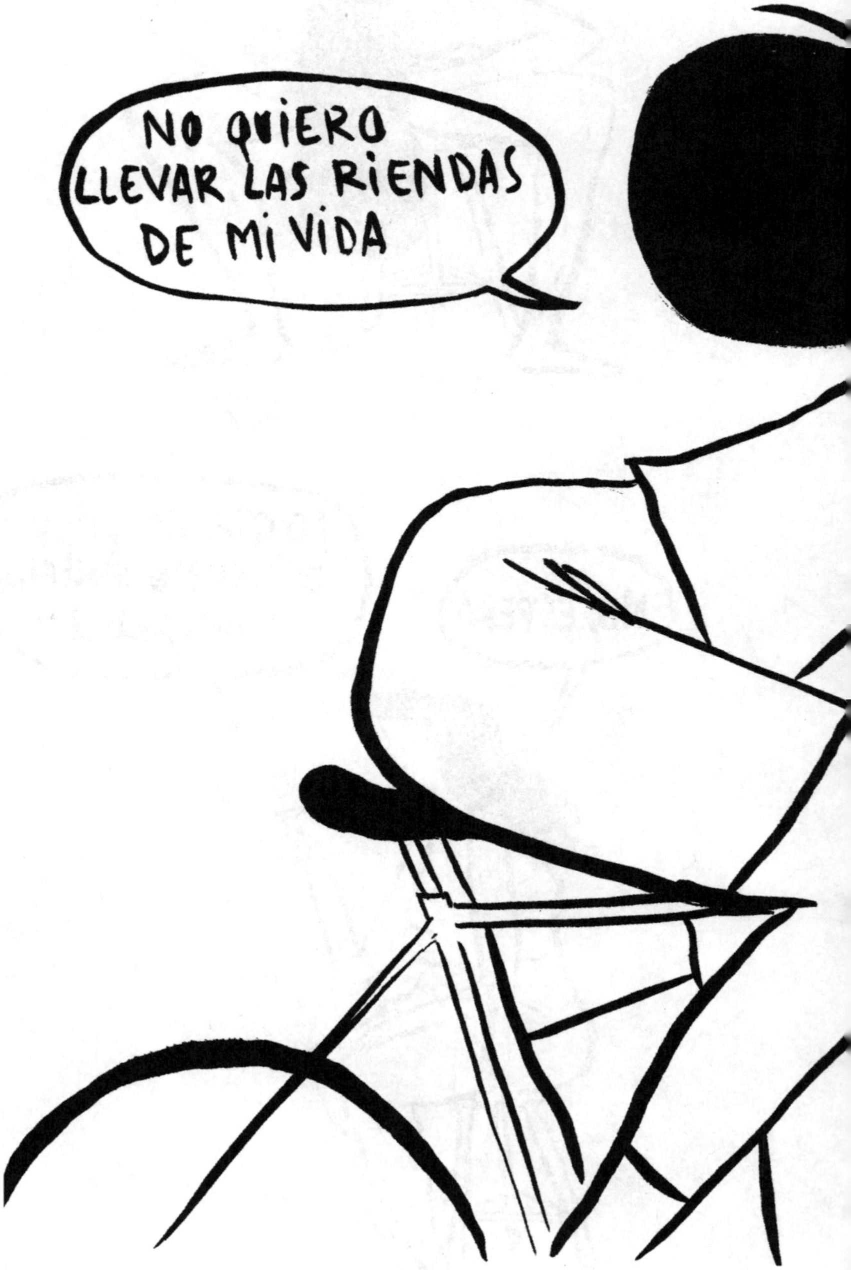
NO QUIERO LLEVAR LAS RIENDAS DE MI VIDA

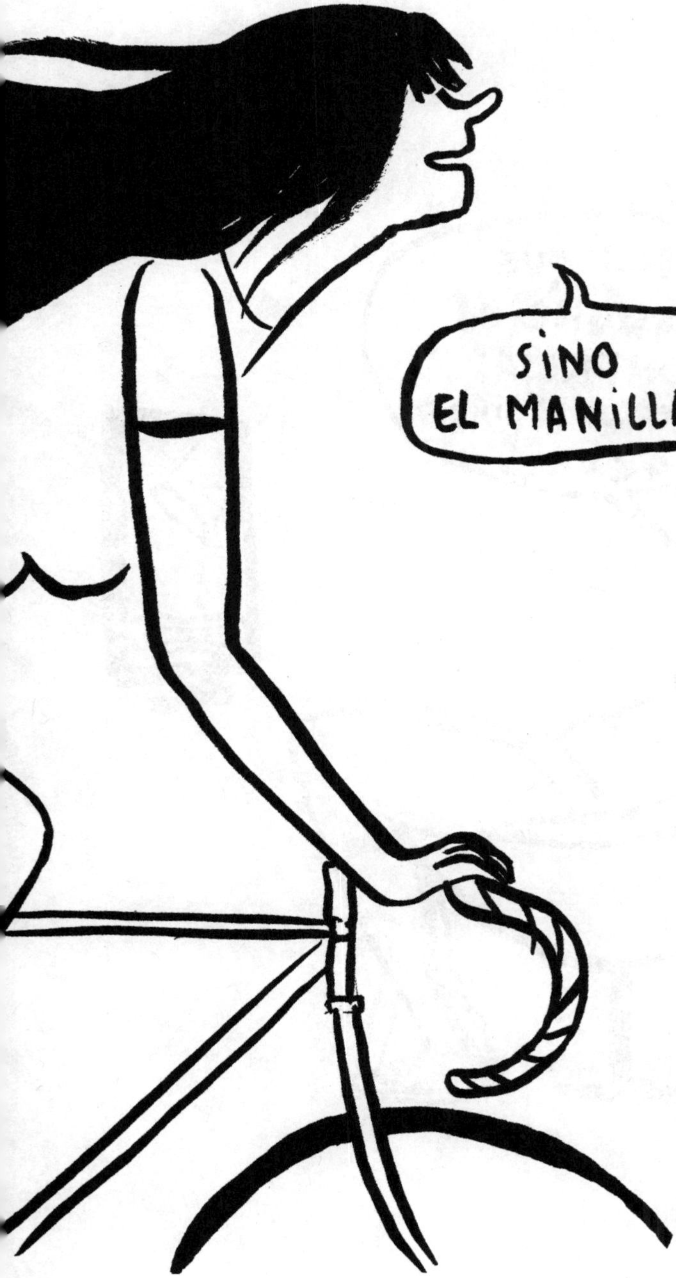
SiNO EL MANiLLAR

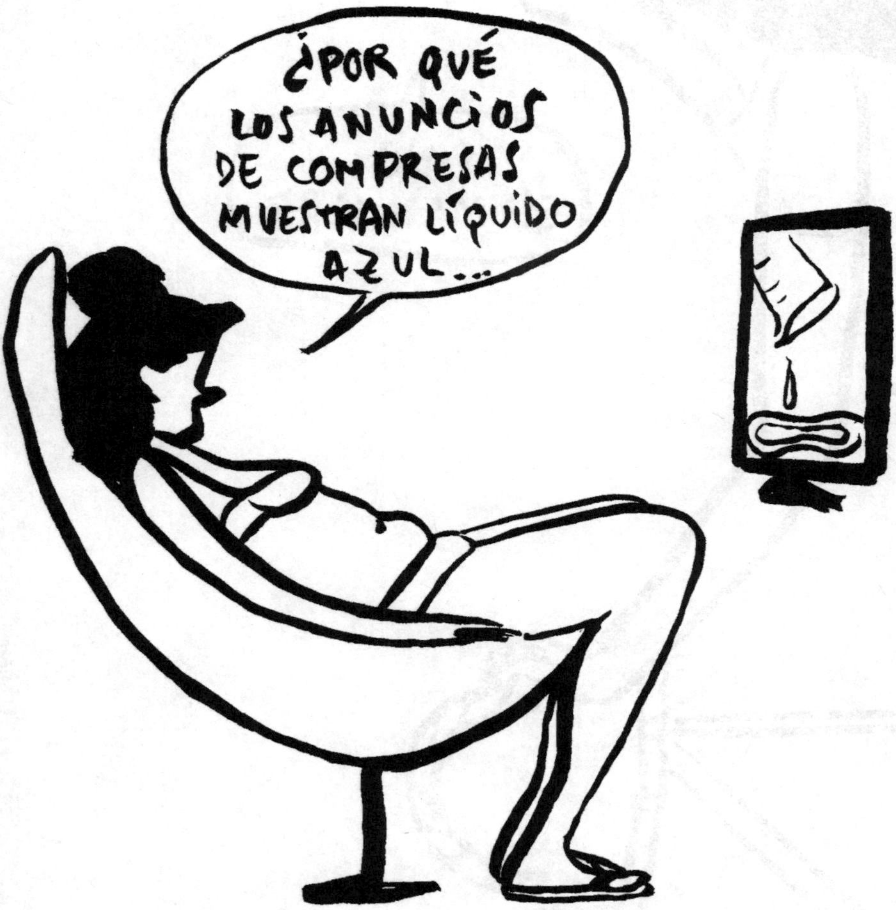
¿POR QUÉ LOS ANUNCIOS DE COMPRESAS MUESTRAN LÍQUIDO AZUL...

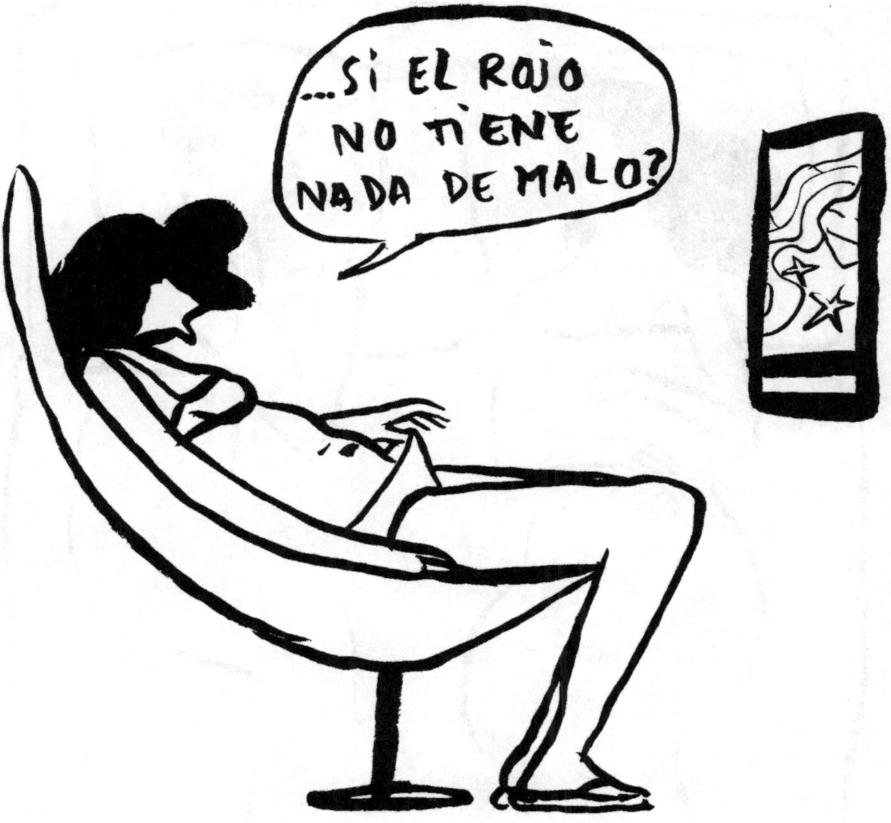
...SI EL ROJO NO TIENE NADA DE MALO?

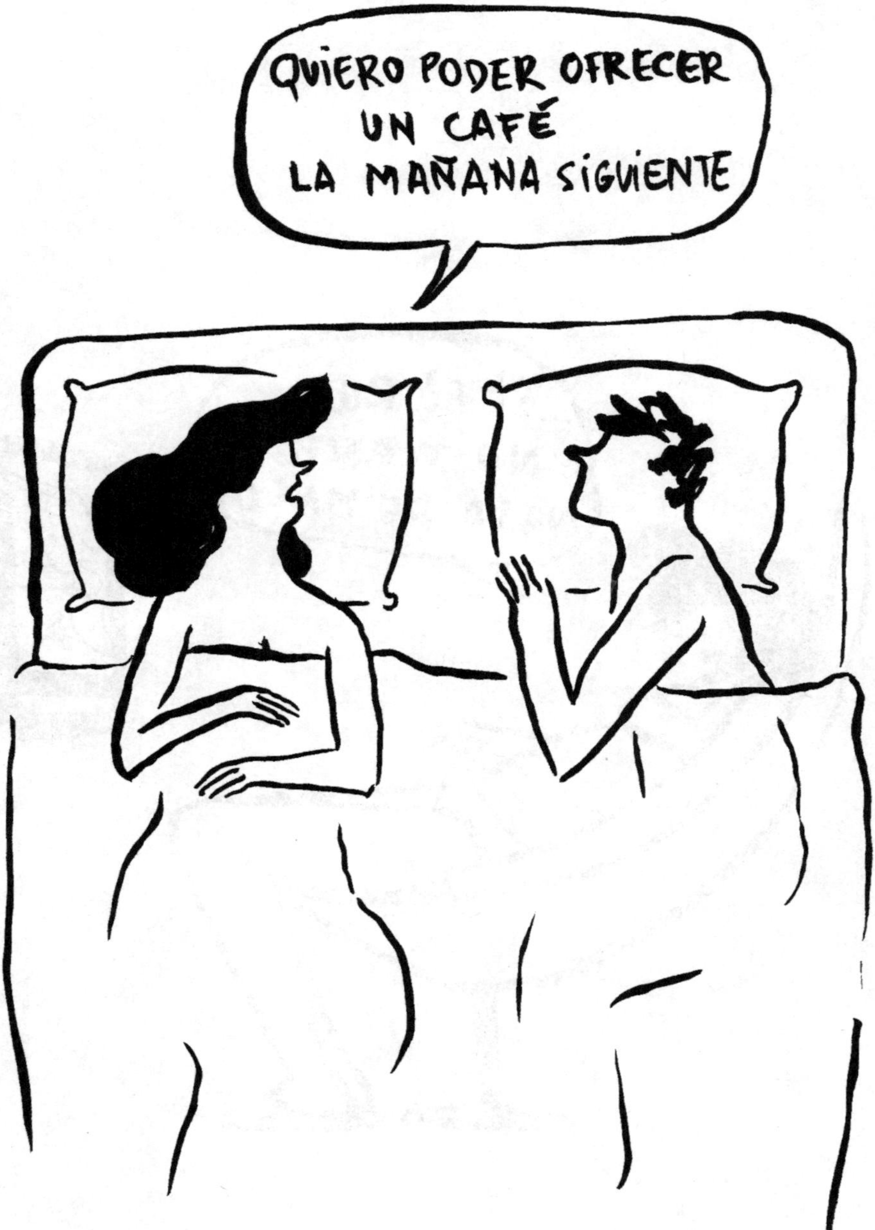
QUIERO PODER OFRECER UN CAFÉ LA MAÑANA SIGUIENTE

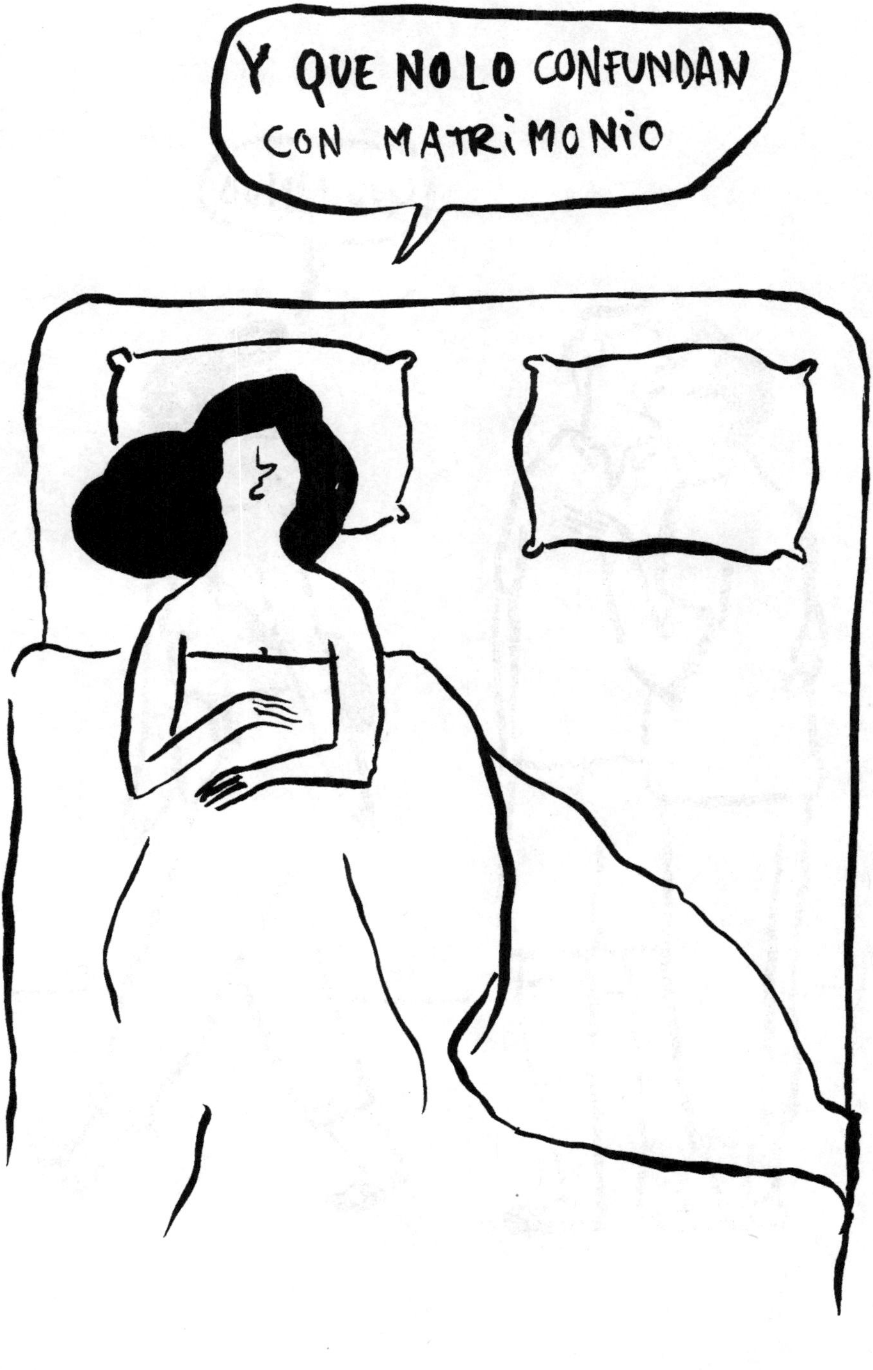
Y QUE NO LO CONFUNDAN CON MATRIMONIO

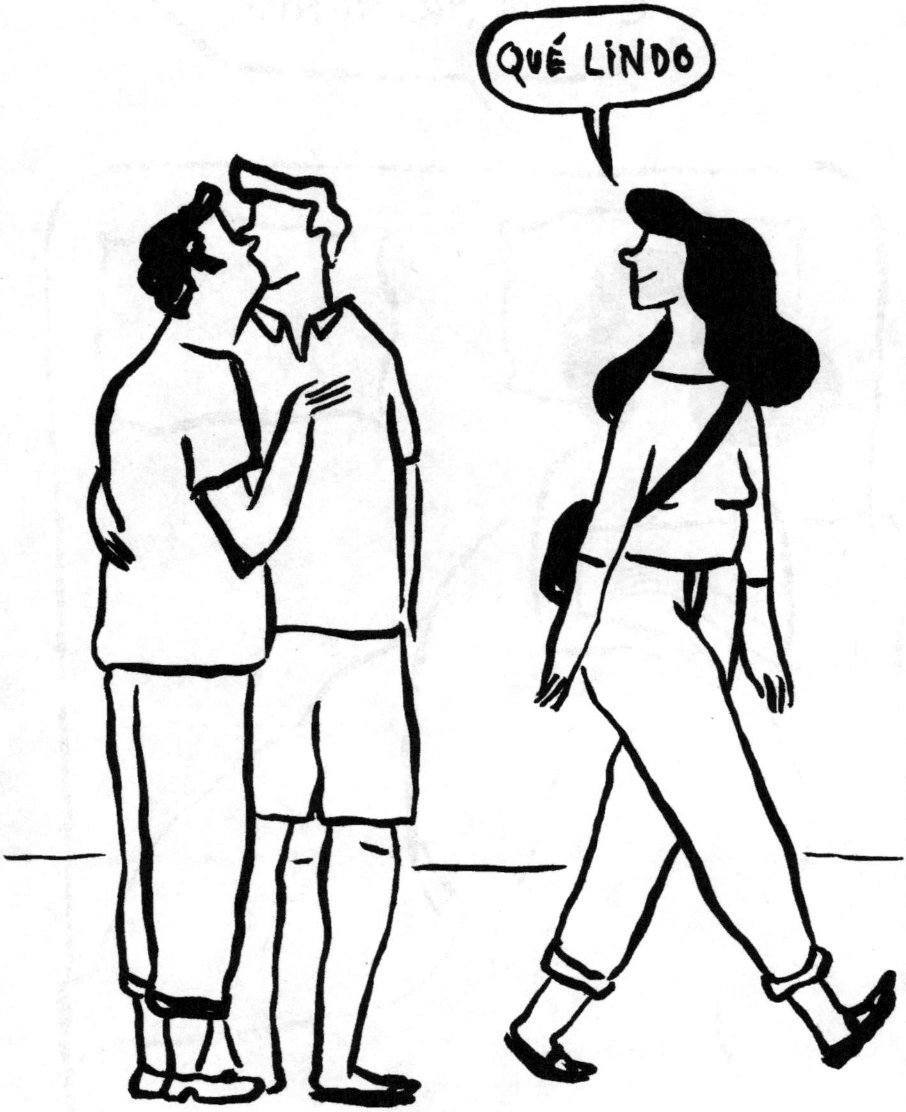
QUÉ LINDO

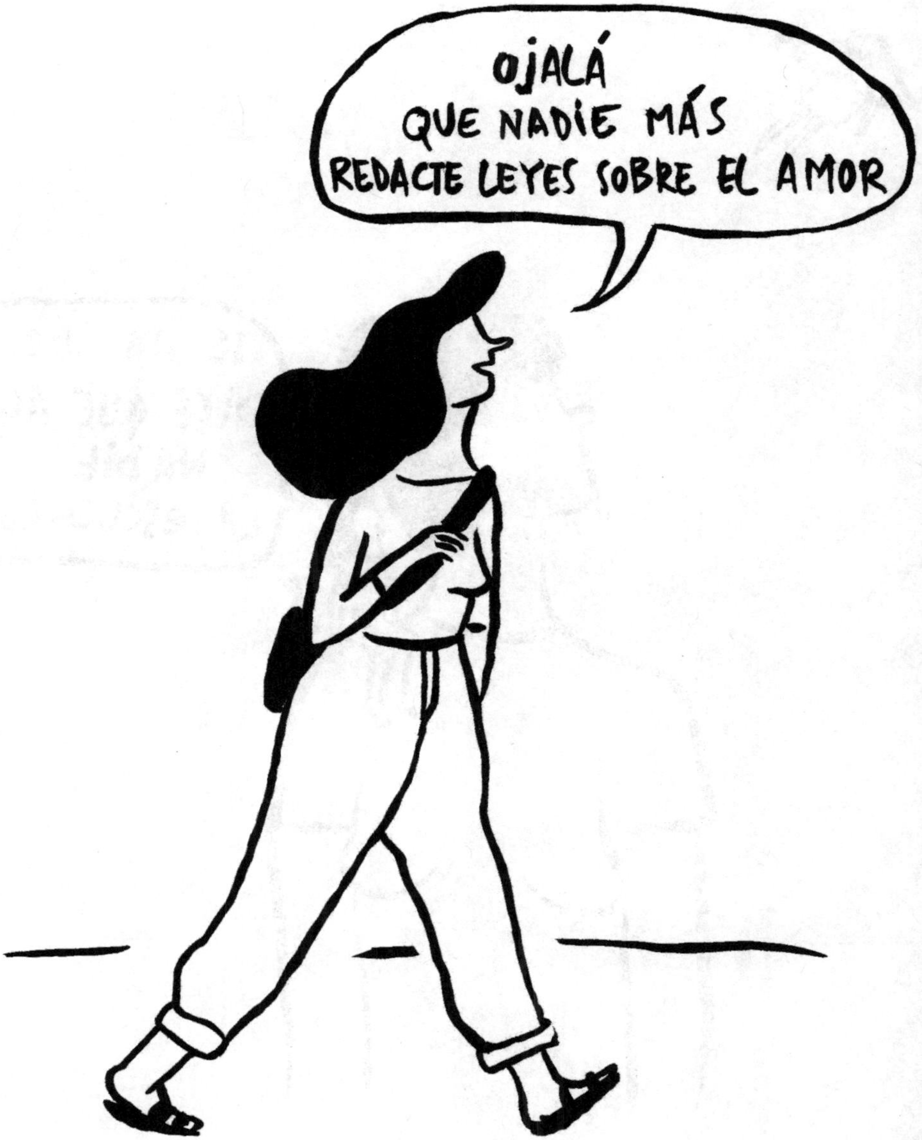
OJALÁ QUE NADIE MÁS REDACTE LEYES SOBRE EL AMOR

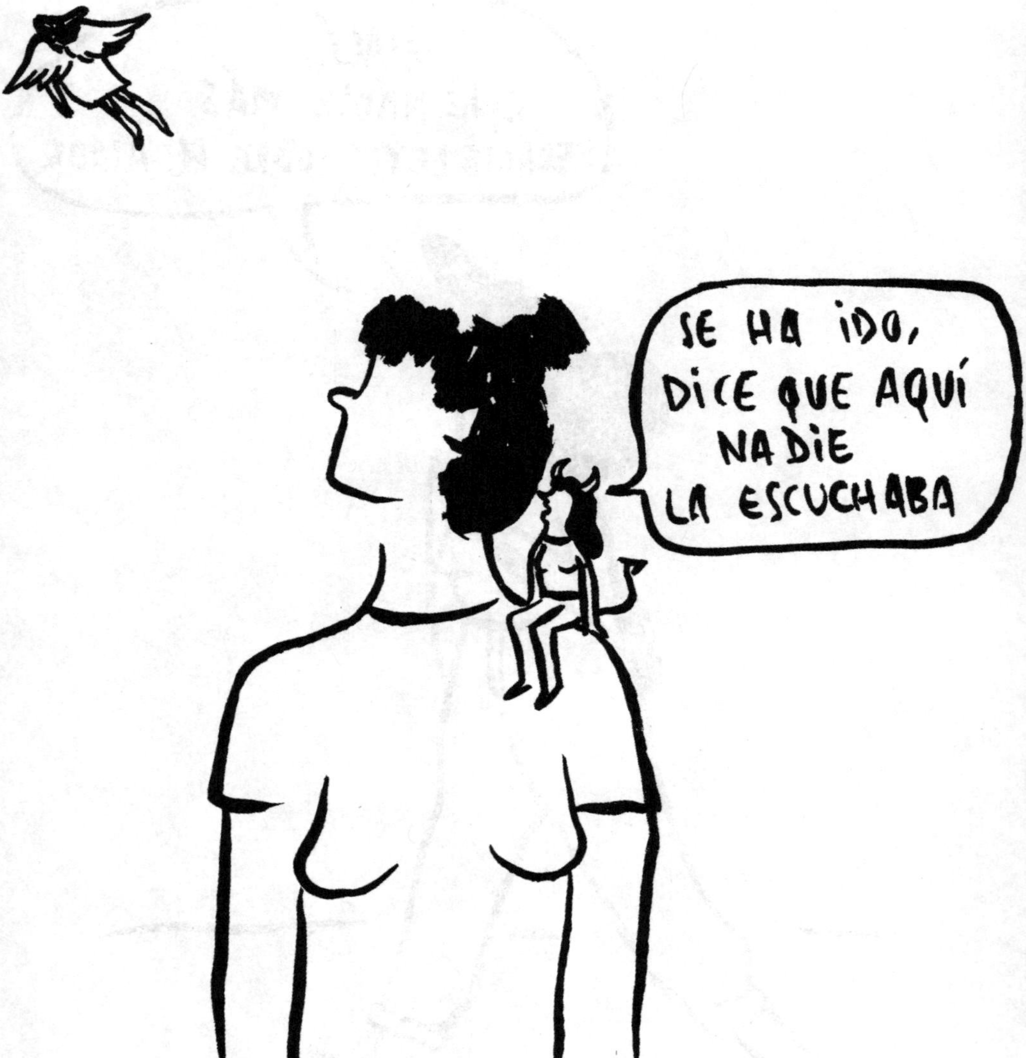
SE HA IDO, DICE QUE AQUÍ NADIE LA ESCUCHABA

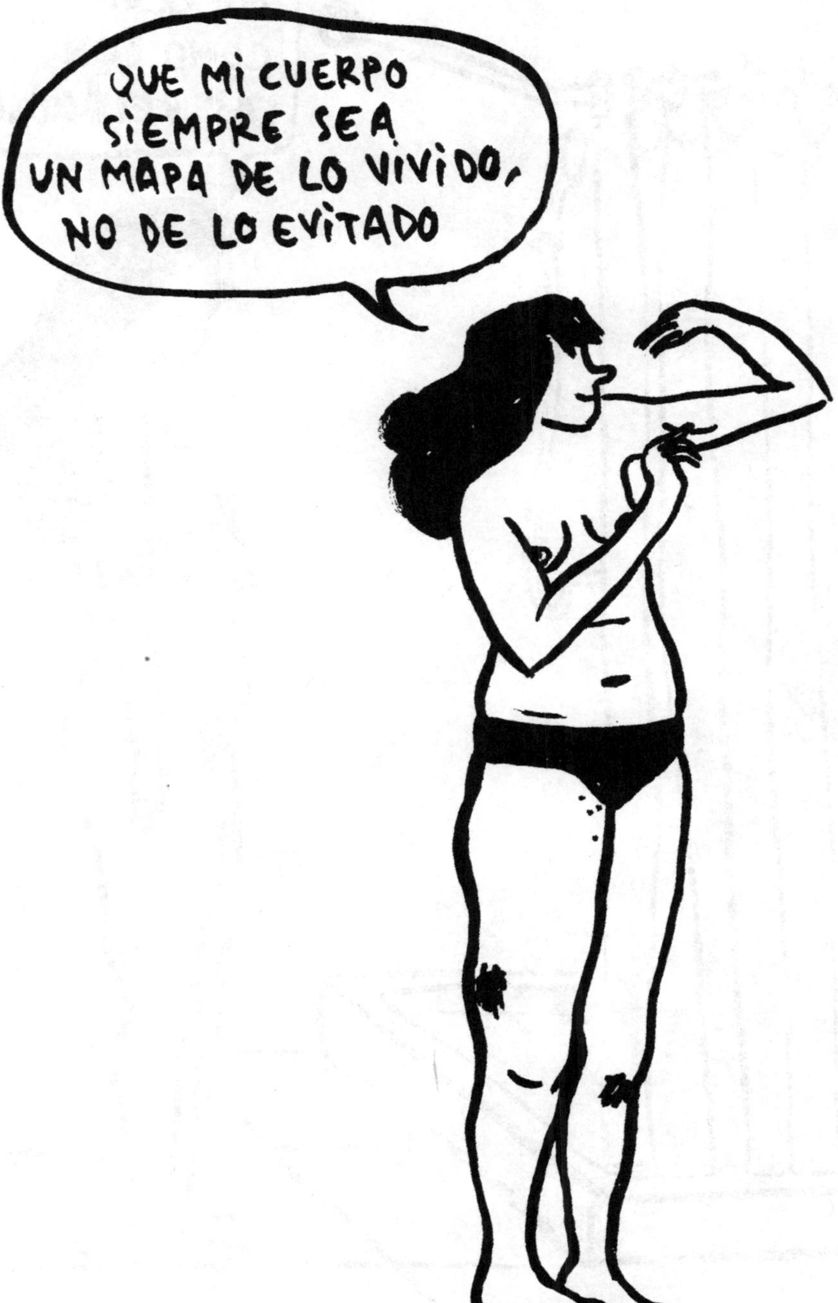
QUE MI CUERPO SIEMPRE SEA UN MAPA DE LO VIVIDO, NO DE LO EVITADO

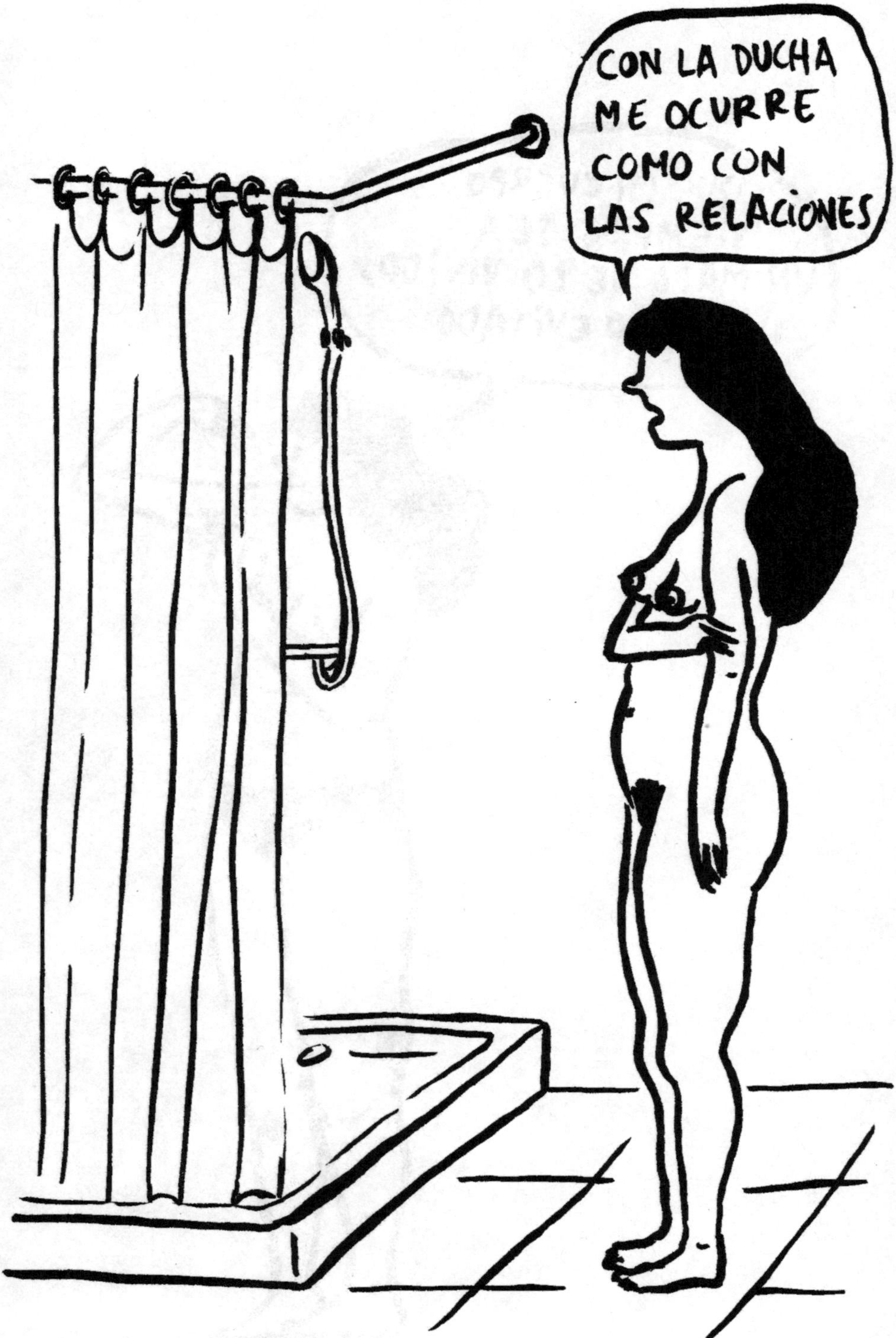
CON LA DUCHA ME OCURRE COMO CON LAS RELACIONES

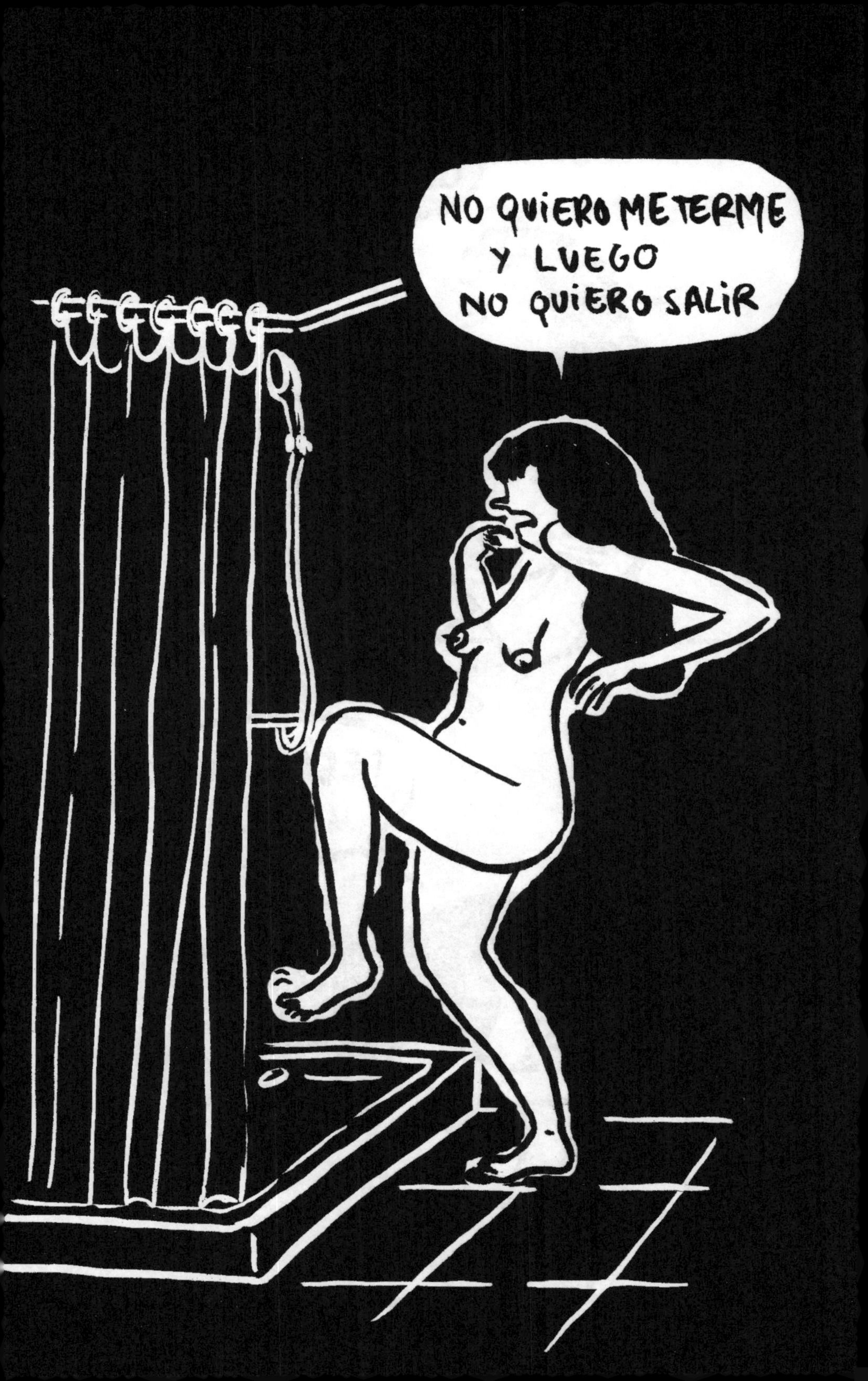
NO QUIERO METERME Y LUEGO NO QUIERO SALIR

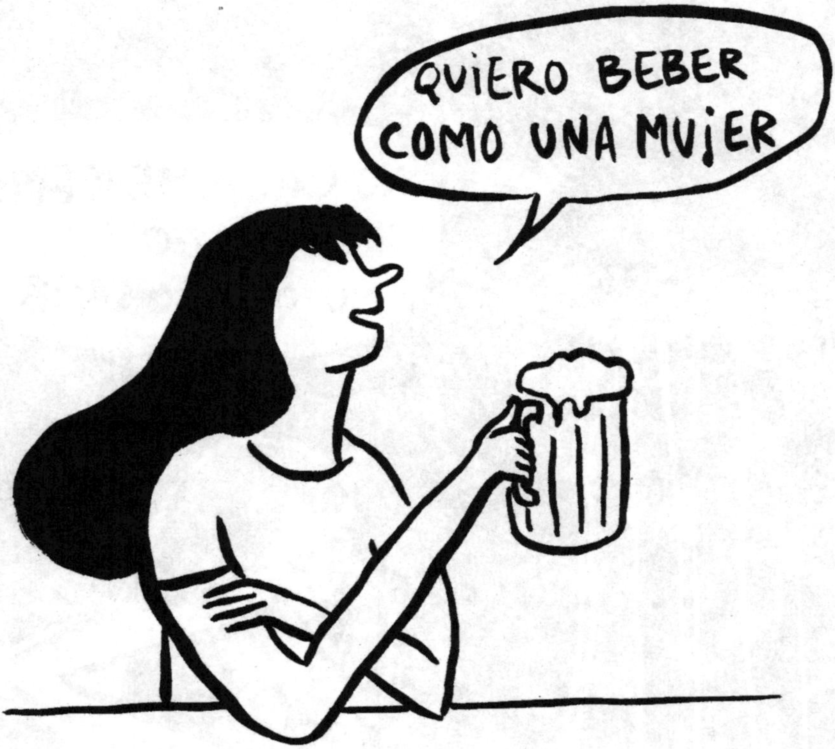

QUIERO BEBER COMO UNA MUJER

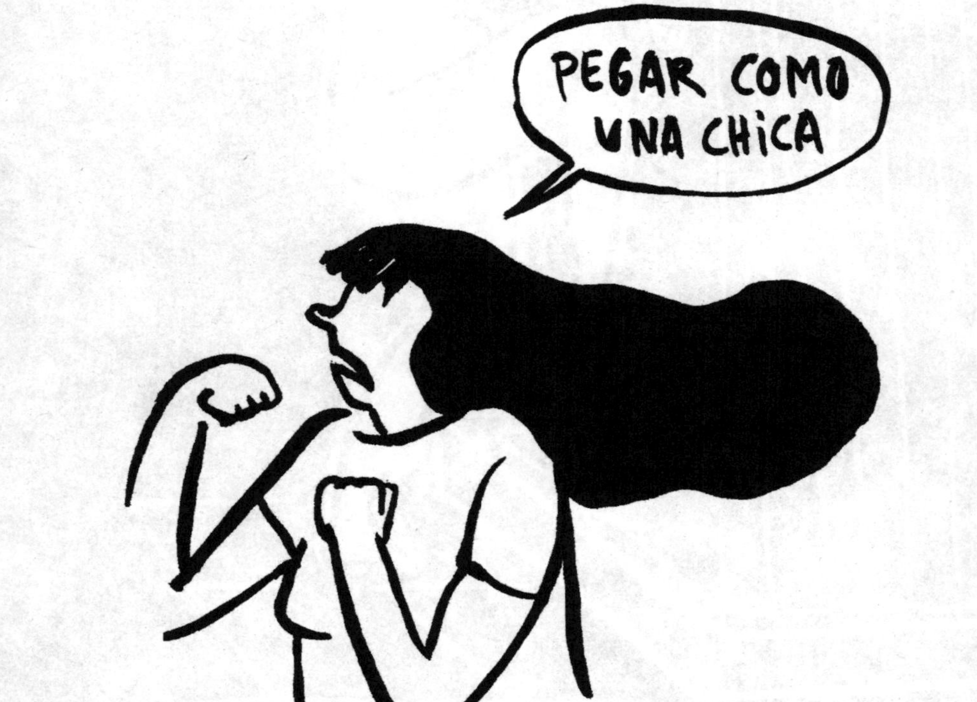

PEGAR COMO UNA CHICA

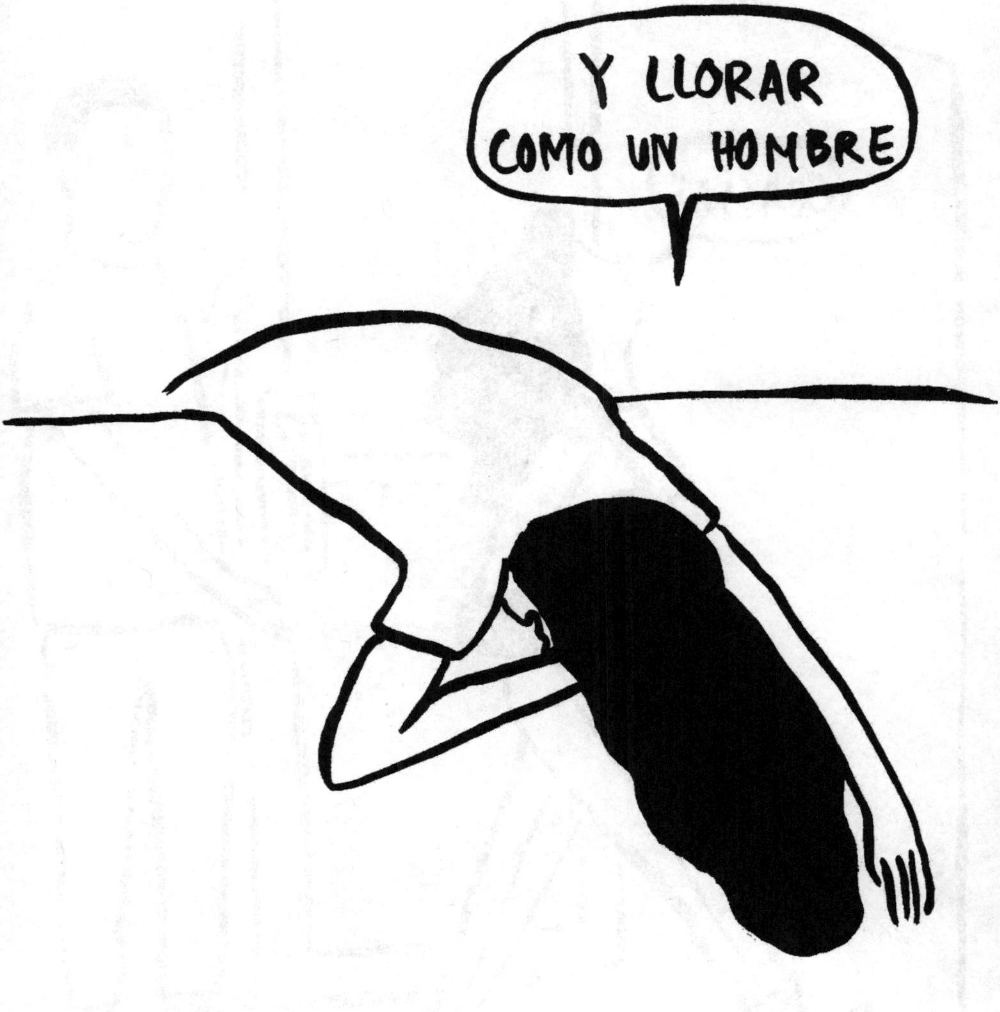
Y LLORAR COMO UN HOMBRE

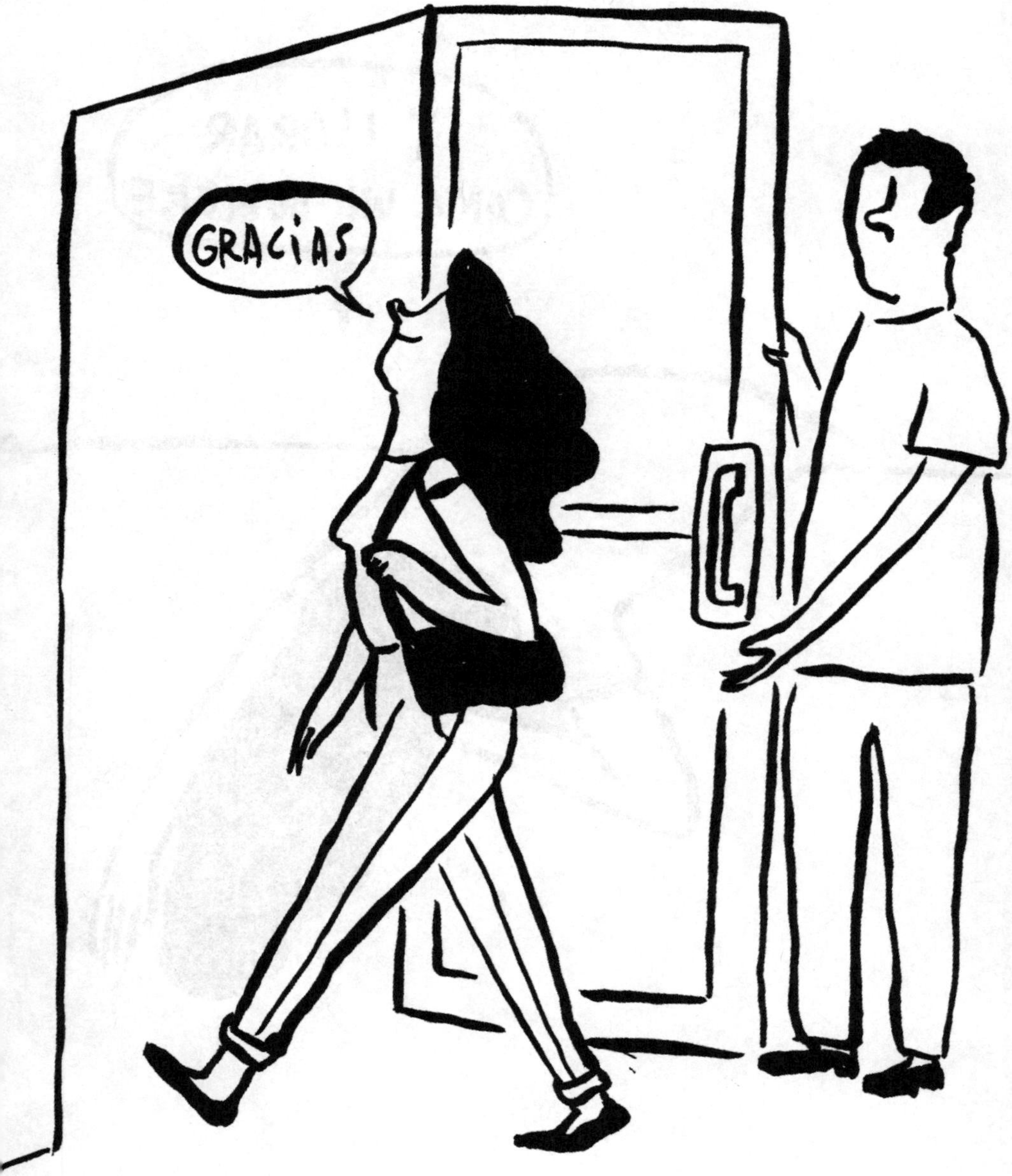
GRACIAS

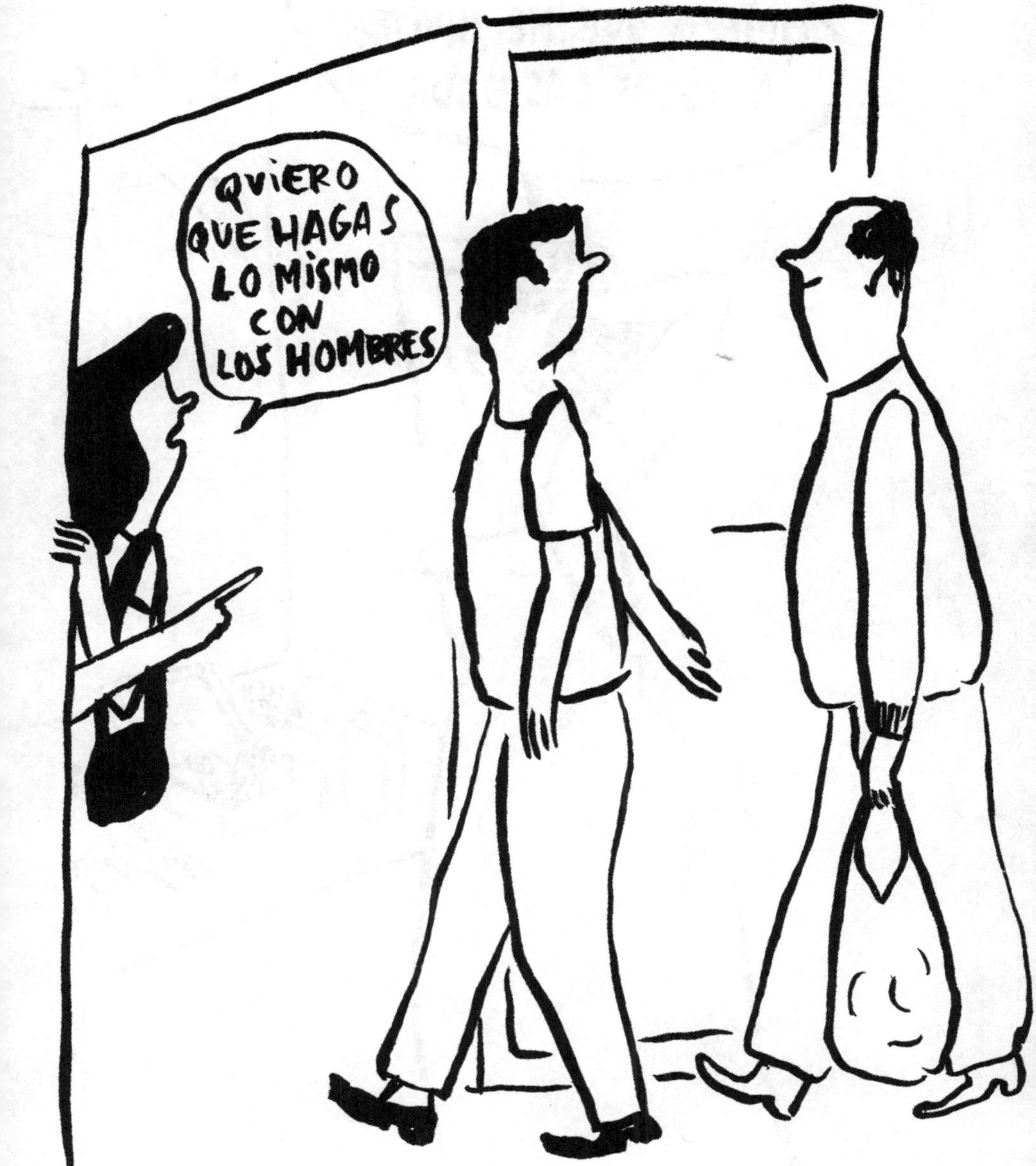
QUIERO QUE HAGAS LO MISMO CON LOS HOMBRES

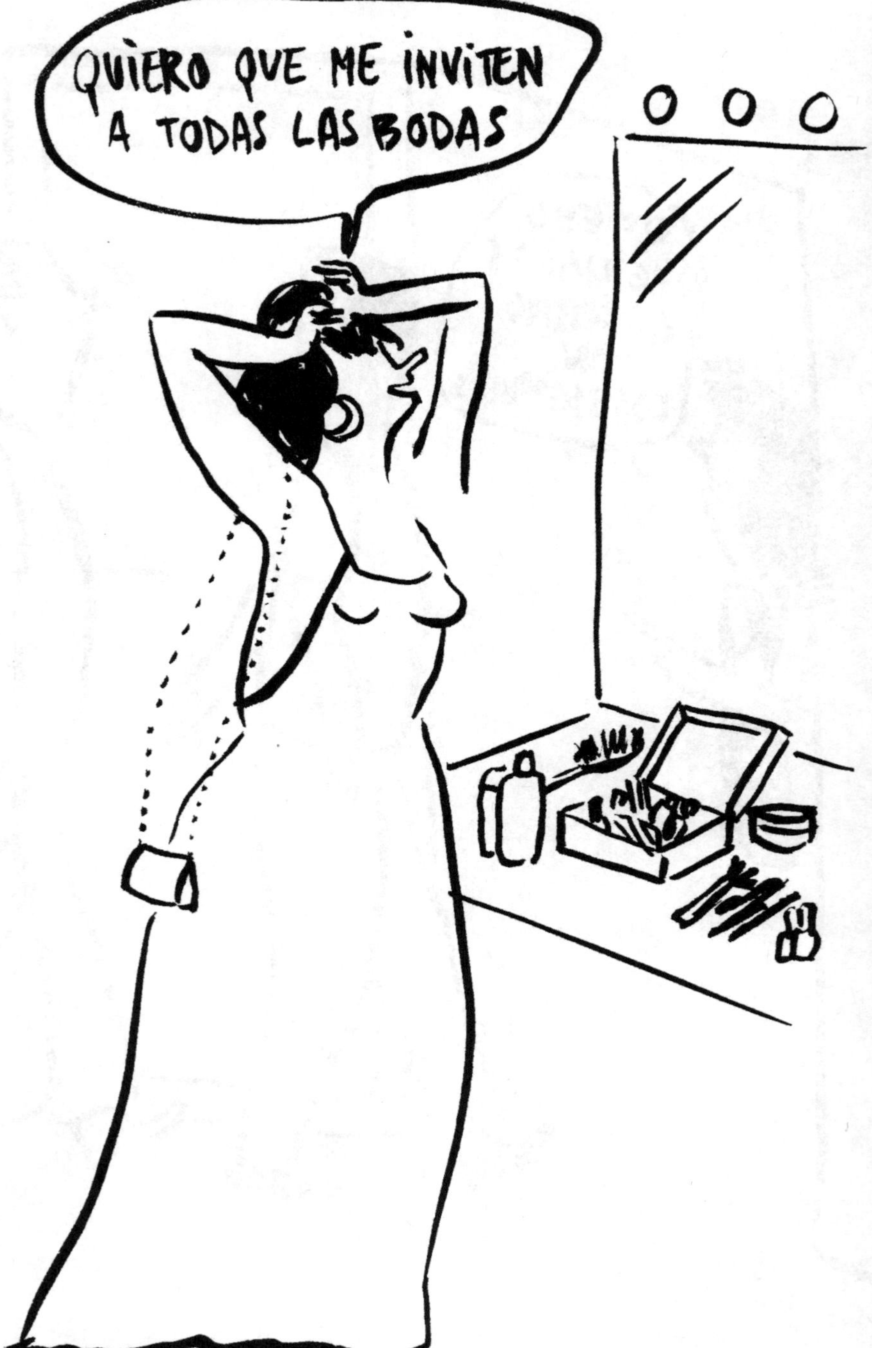
QUIERO QUE ME INVITEN A TODAS LAS BODAS

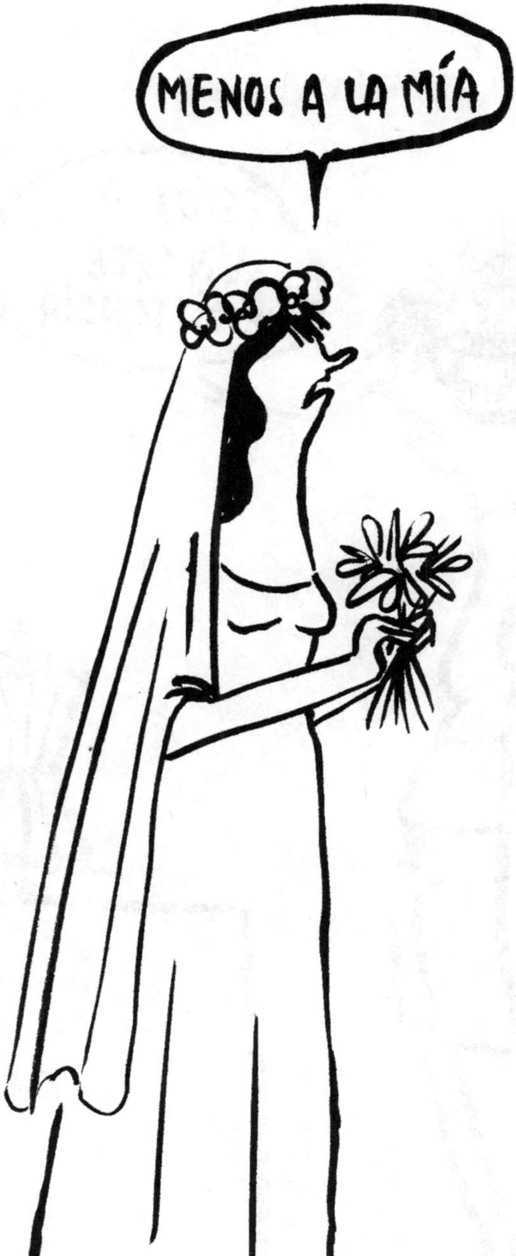
MENOS A LA MÍA

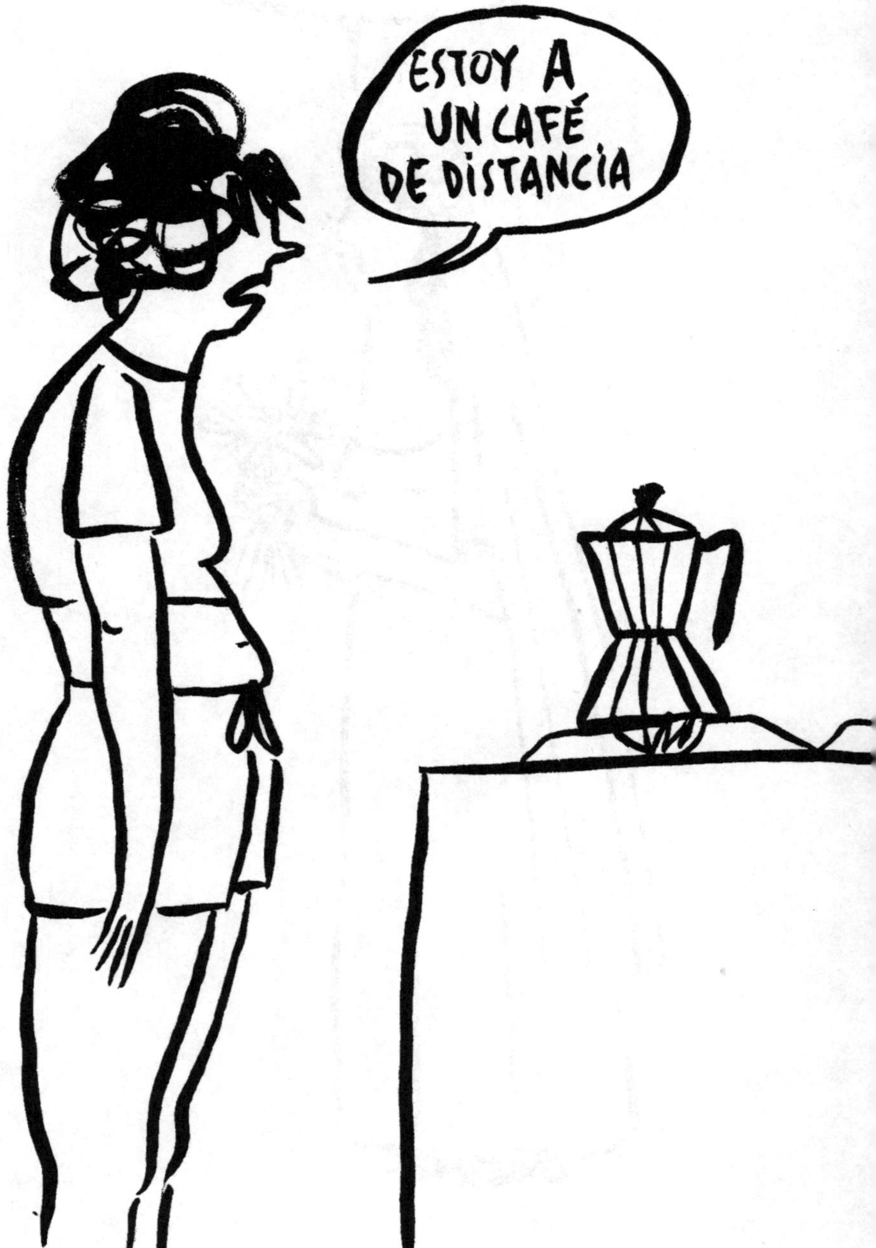
ESTOY A UN CAFÉ DE DISTANCIA

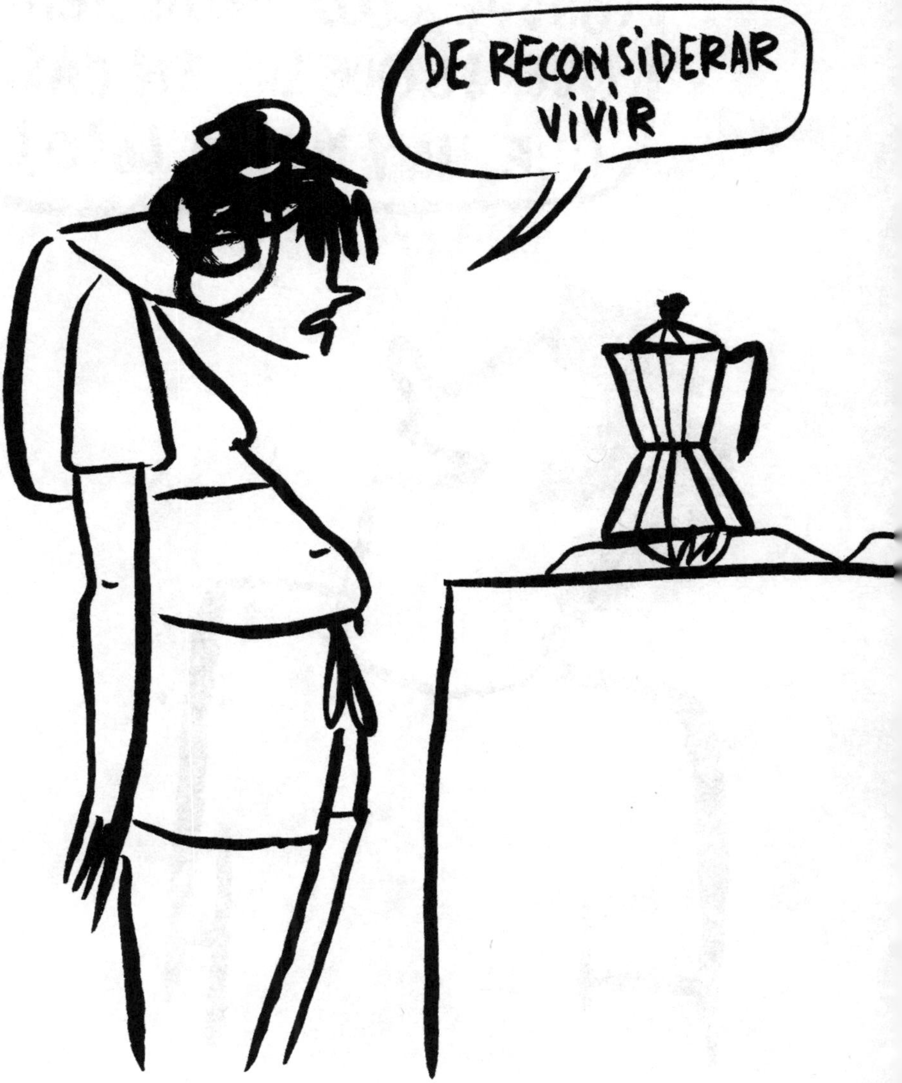
DE RECONSIDERAR VIVIR

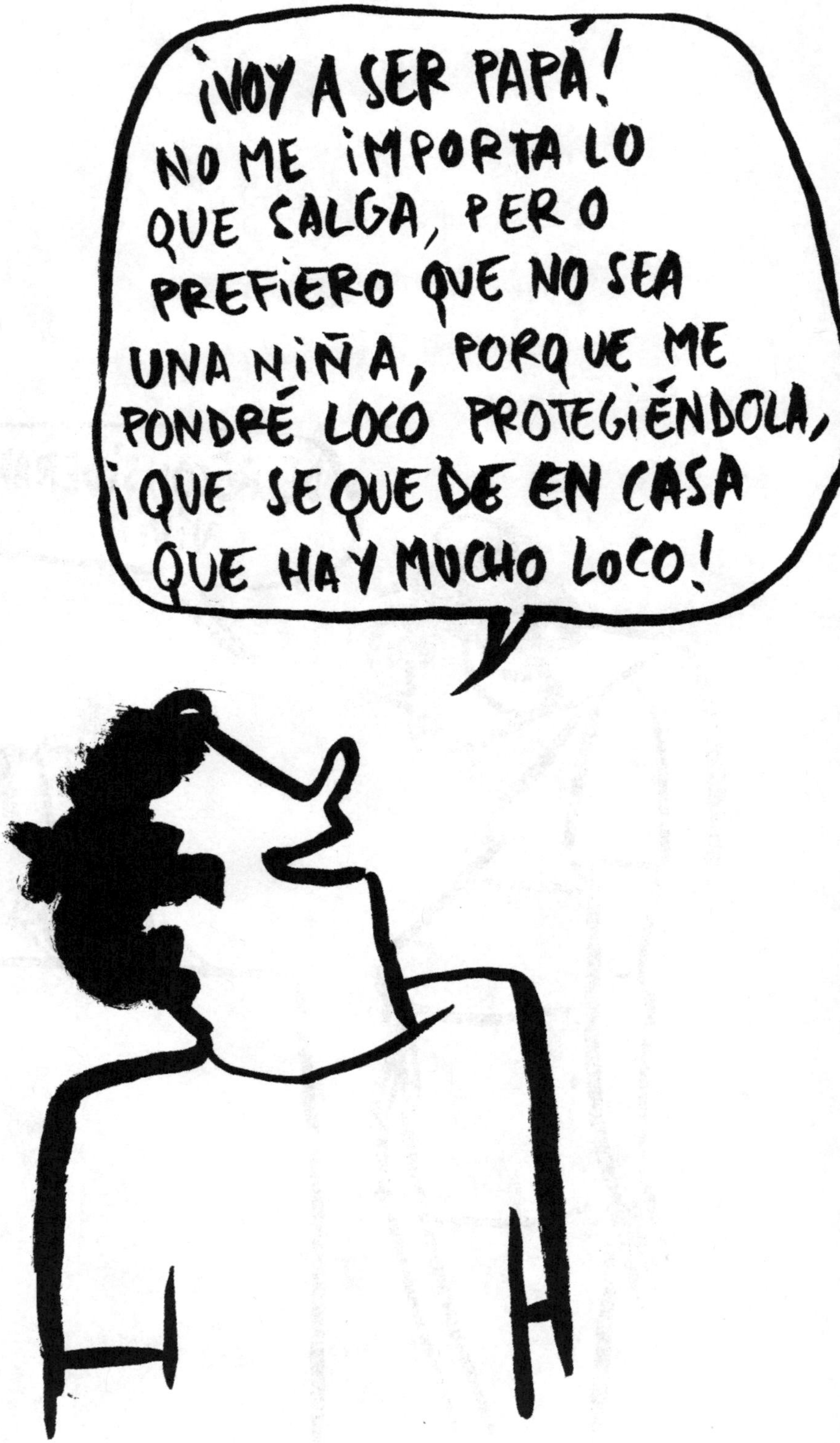
¡VOY A SER PAPÁ! NO ME IMPORTA LO QUE SALGA, PERO PREFIERO QUE NO SEA UNA NIÑA, PORQUE ME PONDRÉ LOCO PROTEGIÉNDOLA, ¡QUE SE QUEDE EN CASA QUE HAY MUCHO LOCO!

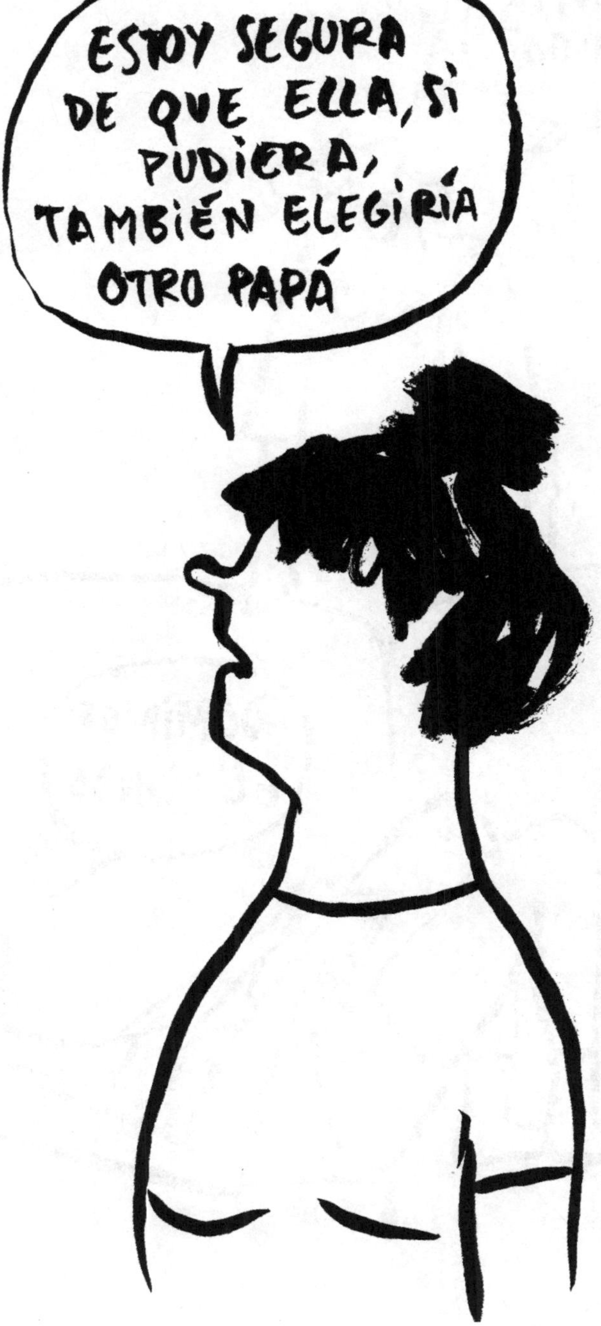
ESTOY SEGURA DE QUE ELLA, SI PUDIERA, TAMBIÉN ELEGIRÍA OTRO PAPÁ

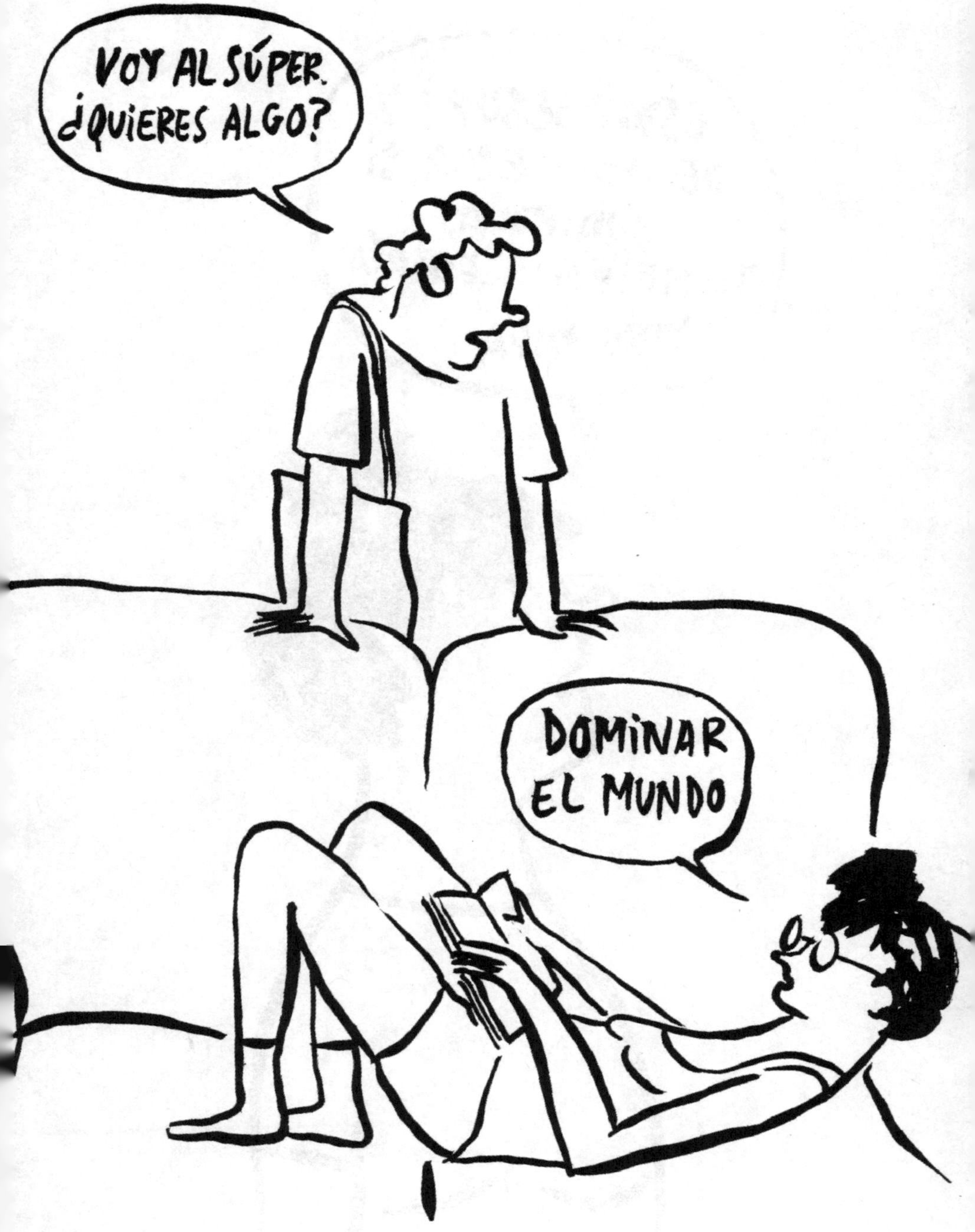
VOY AL SÚPER. ¿QUIERES ALGO?
DOMINAR EL MUNDO

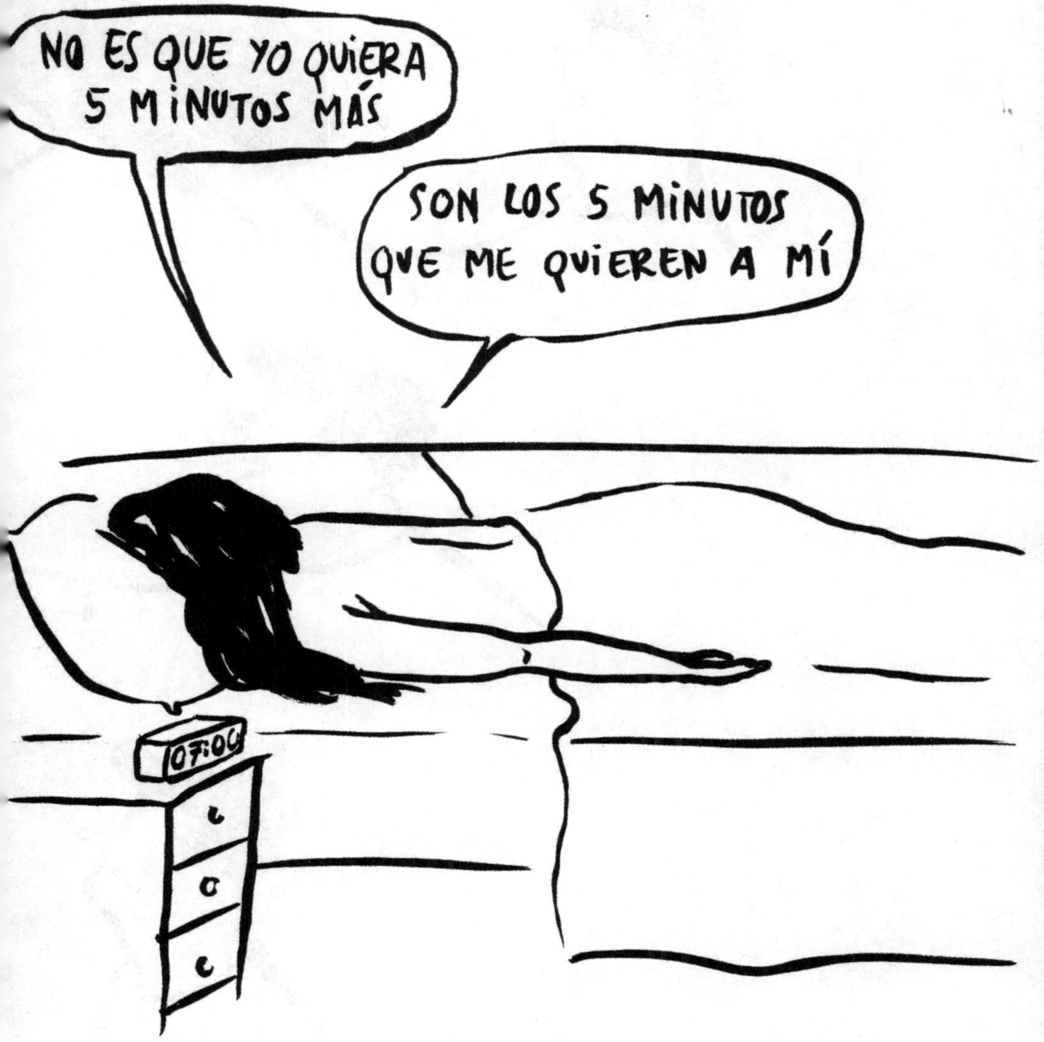
NO ES QUE YO QUIERA 5 MINUTOS MÁS
SON LOS 5 MINUTOS QUE ME QUIEREN A MÍ
07:00

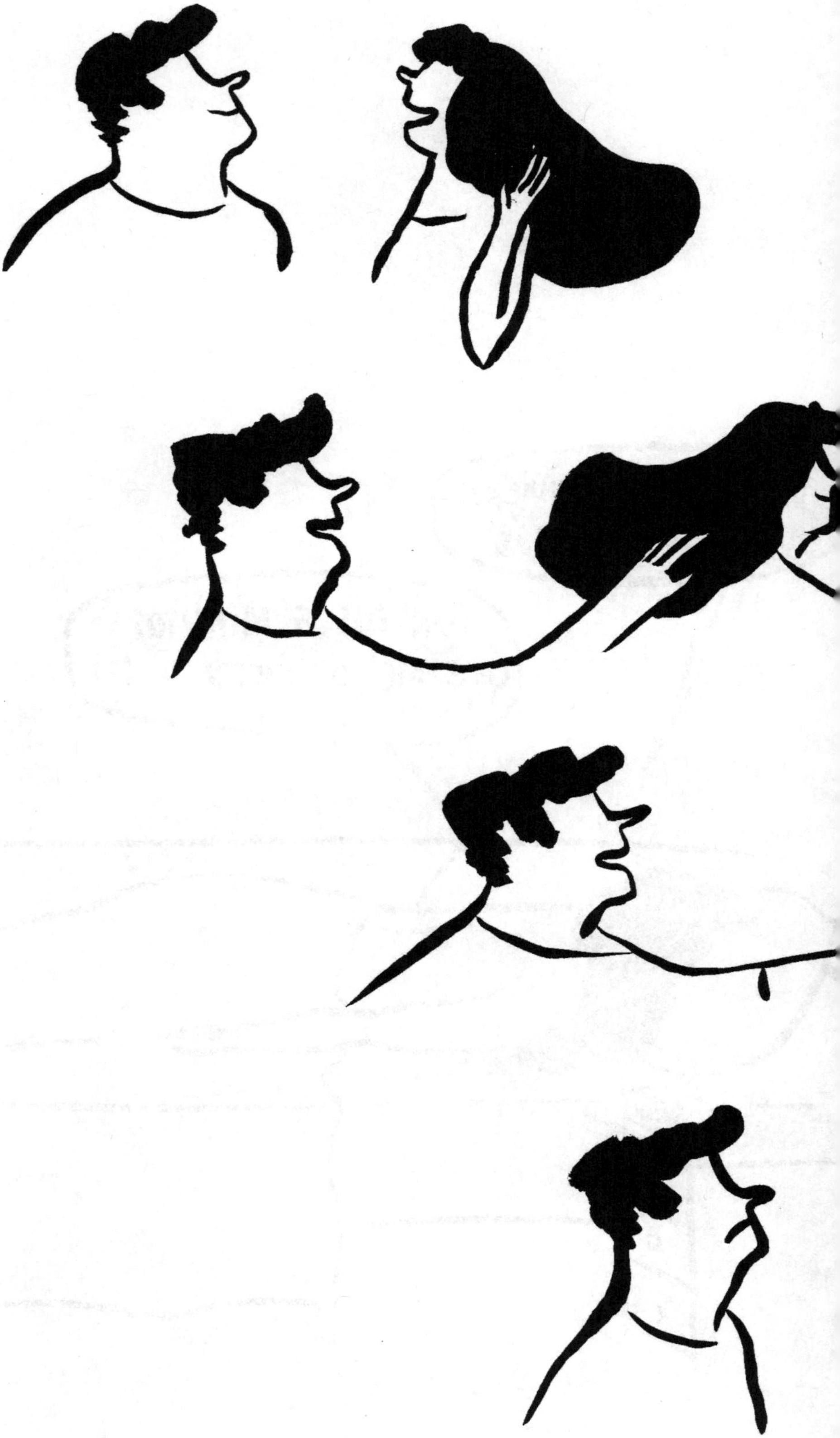

HARTA DE QUE CONFUNDAN AMABILIDAD Y LIGUE

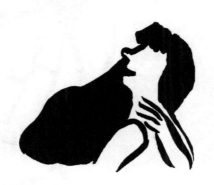

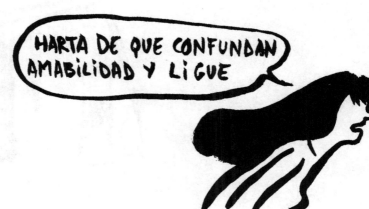

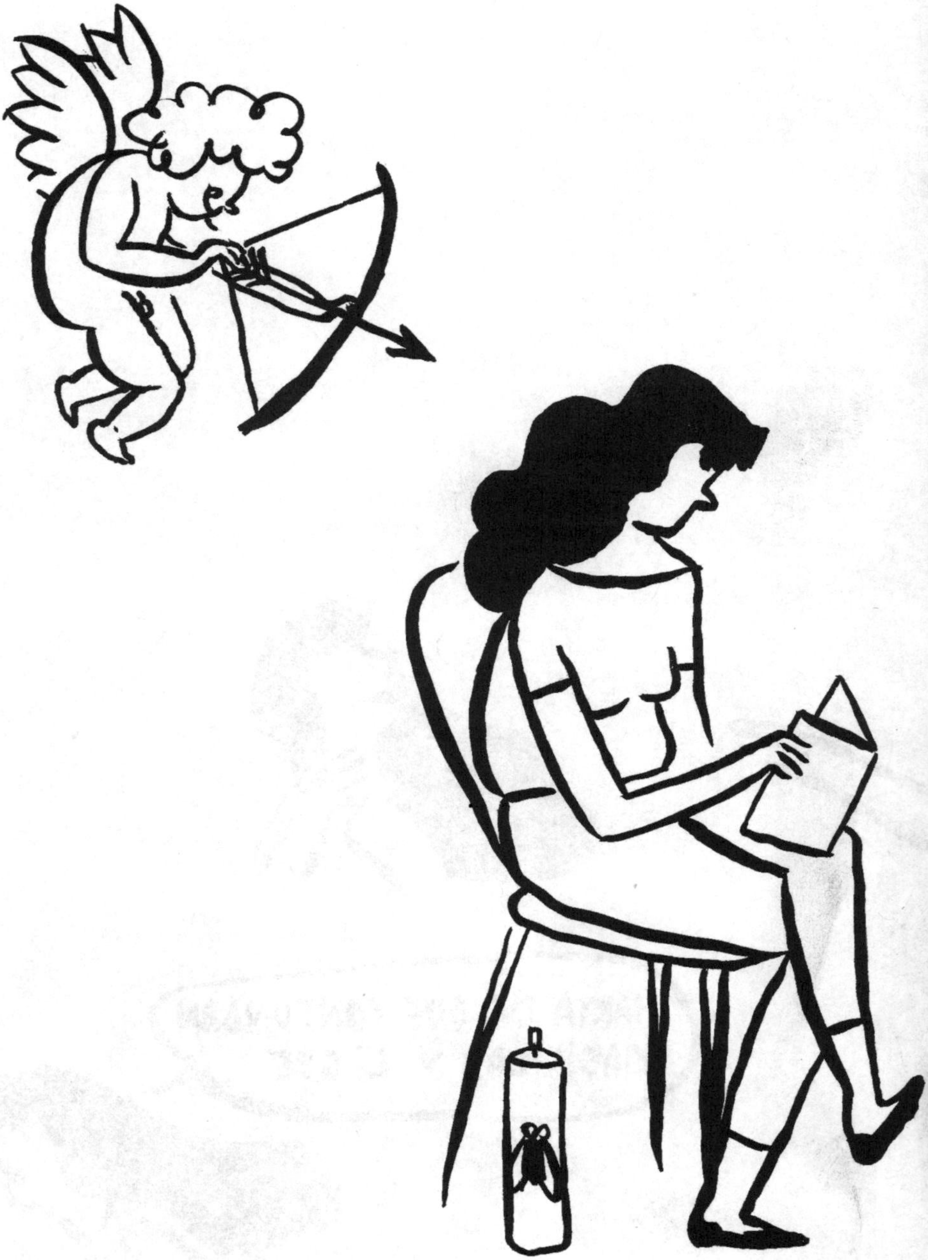

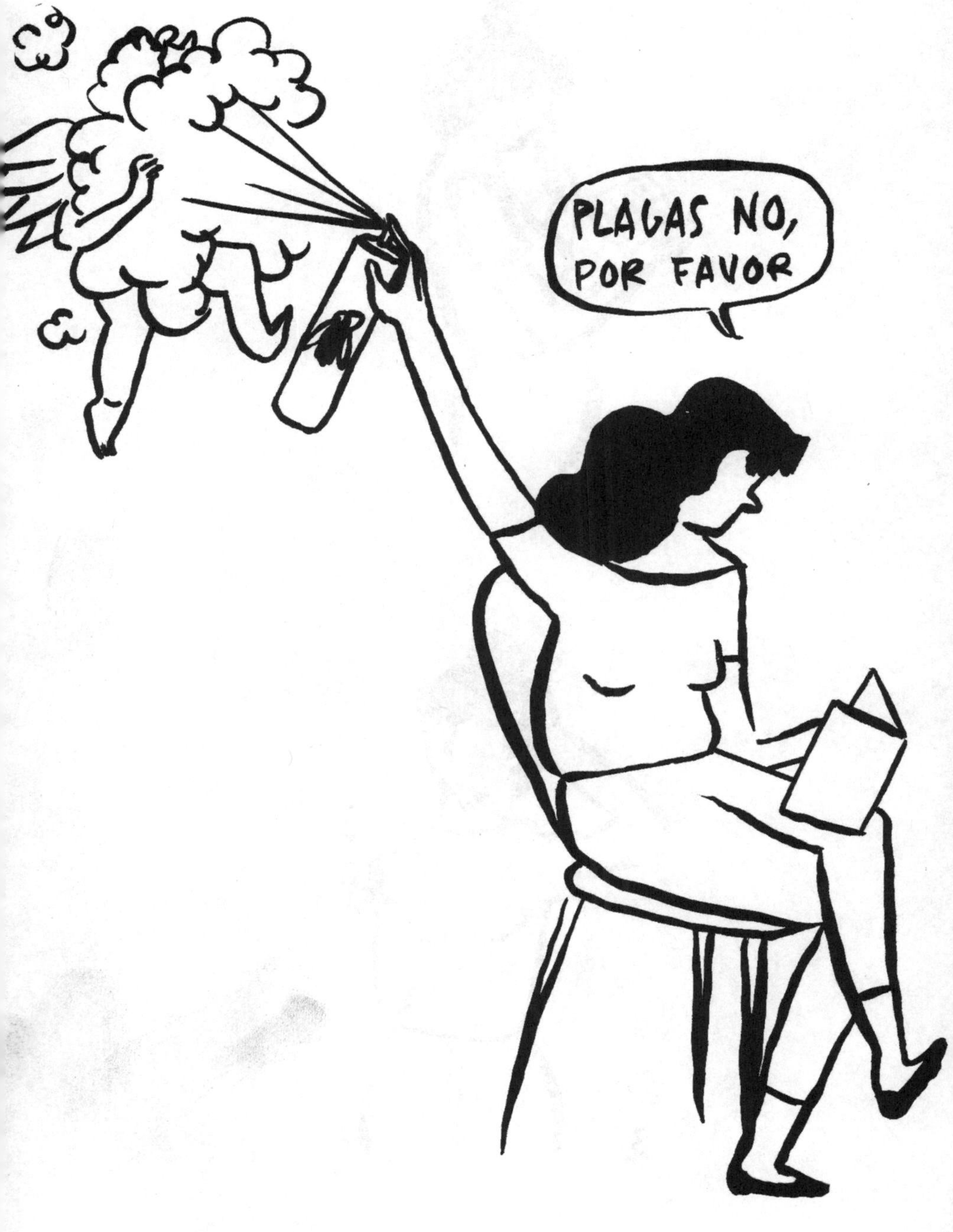
PLAGAS NO, POR FAVOR

1

3

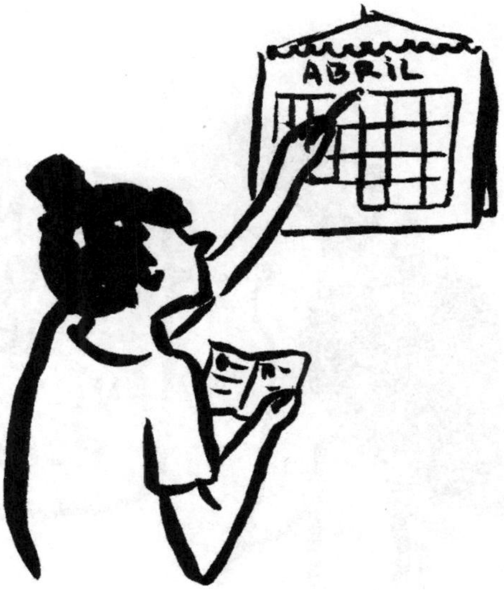
ABRIL

2

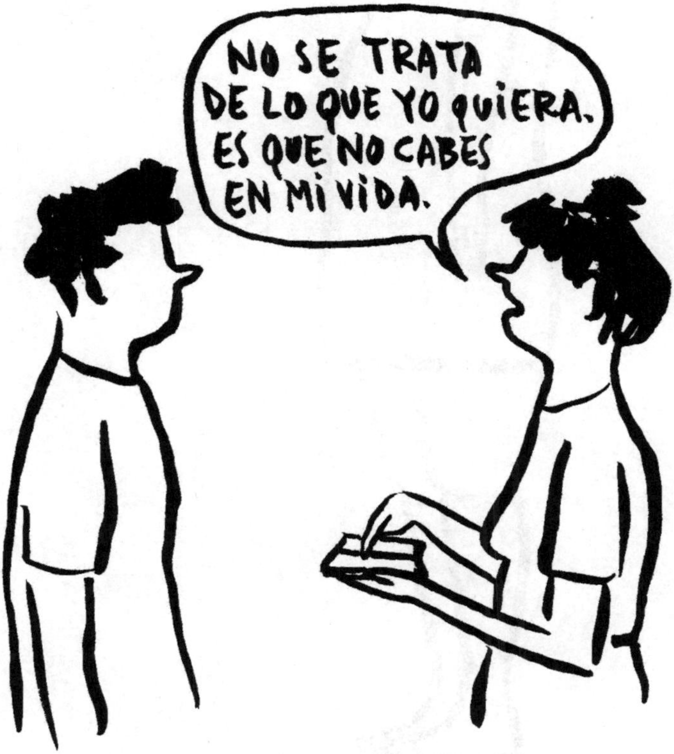
NO SE TRATA DE LO QUE YO QUIERA. ES QUE NO CABES EN MI VIDA.

4

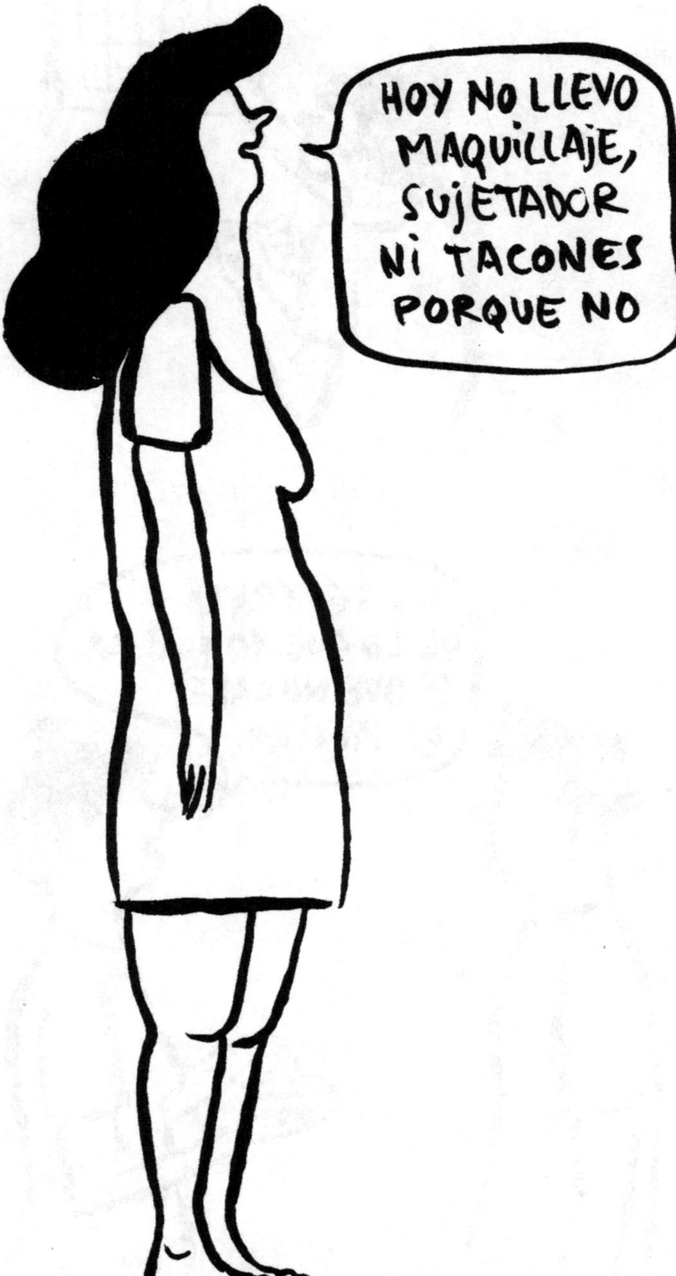
HOY NO LLEVO MAQUILLAJE, SUJETADOR NI TACONES PORQUE NO

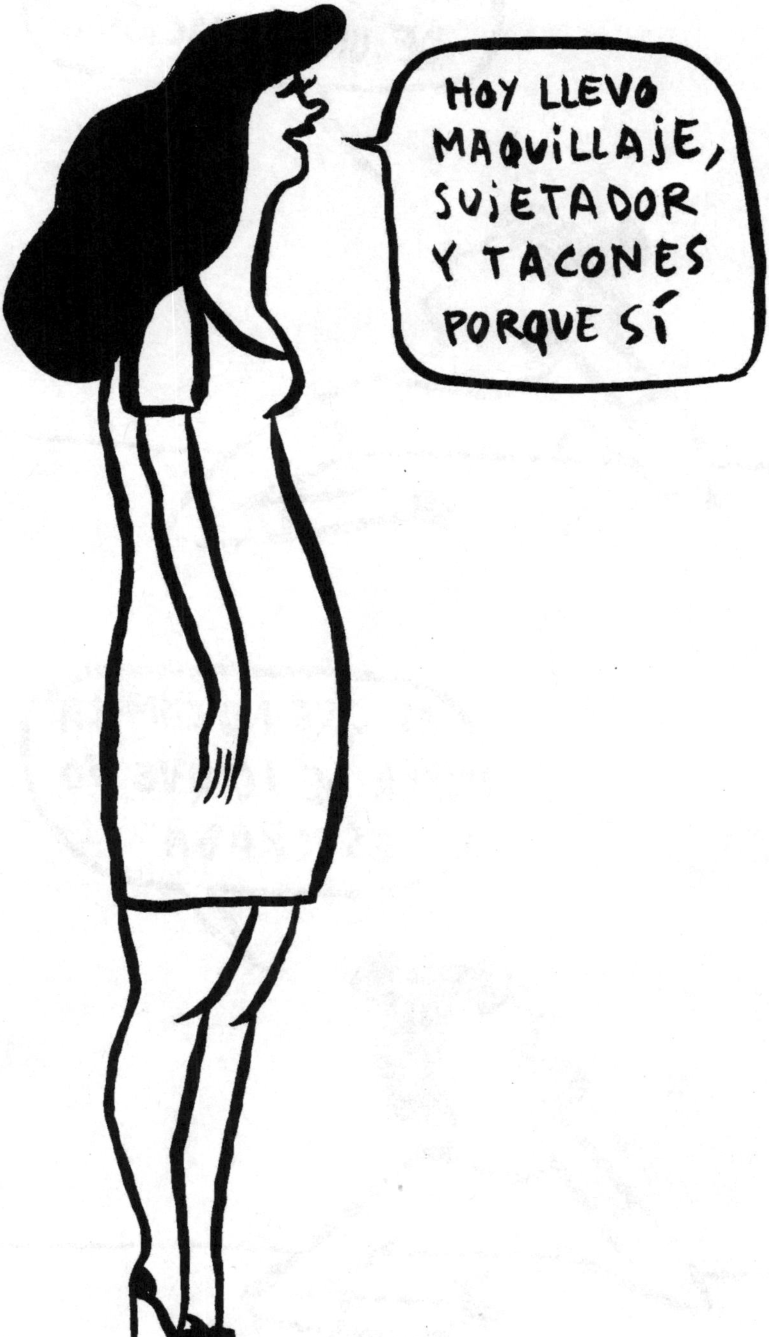
HOY LLEVO MAQUILLAJE, SUJETADOR Y TACONES PORQUE SÍ

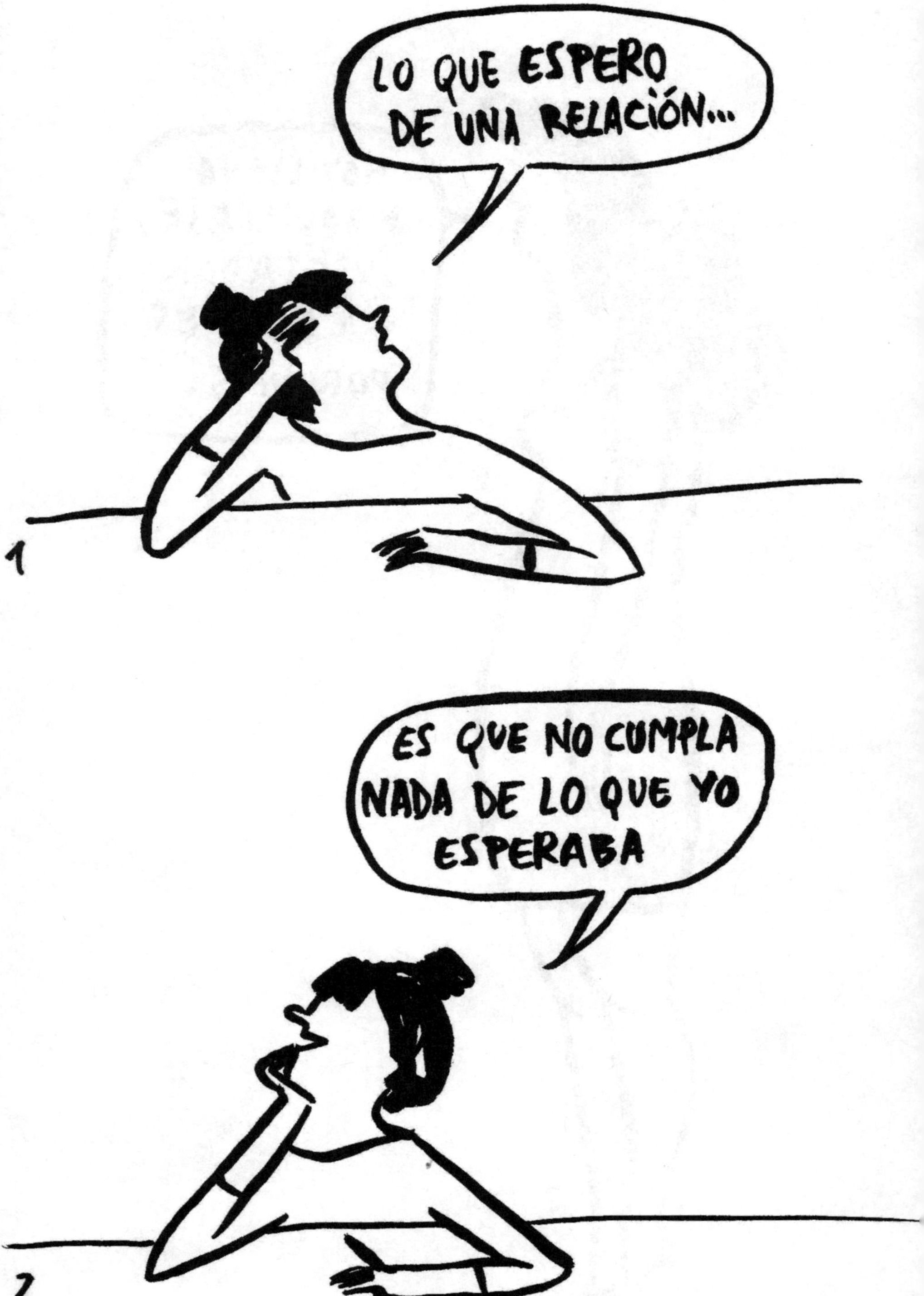
LO QUE ESPERO DE UNA RELACIÓN...
1
ES QUE NO CUMPLA NADA DE LO QUE YO ESPERABA
2

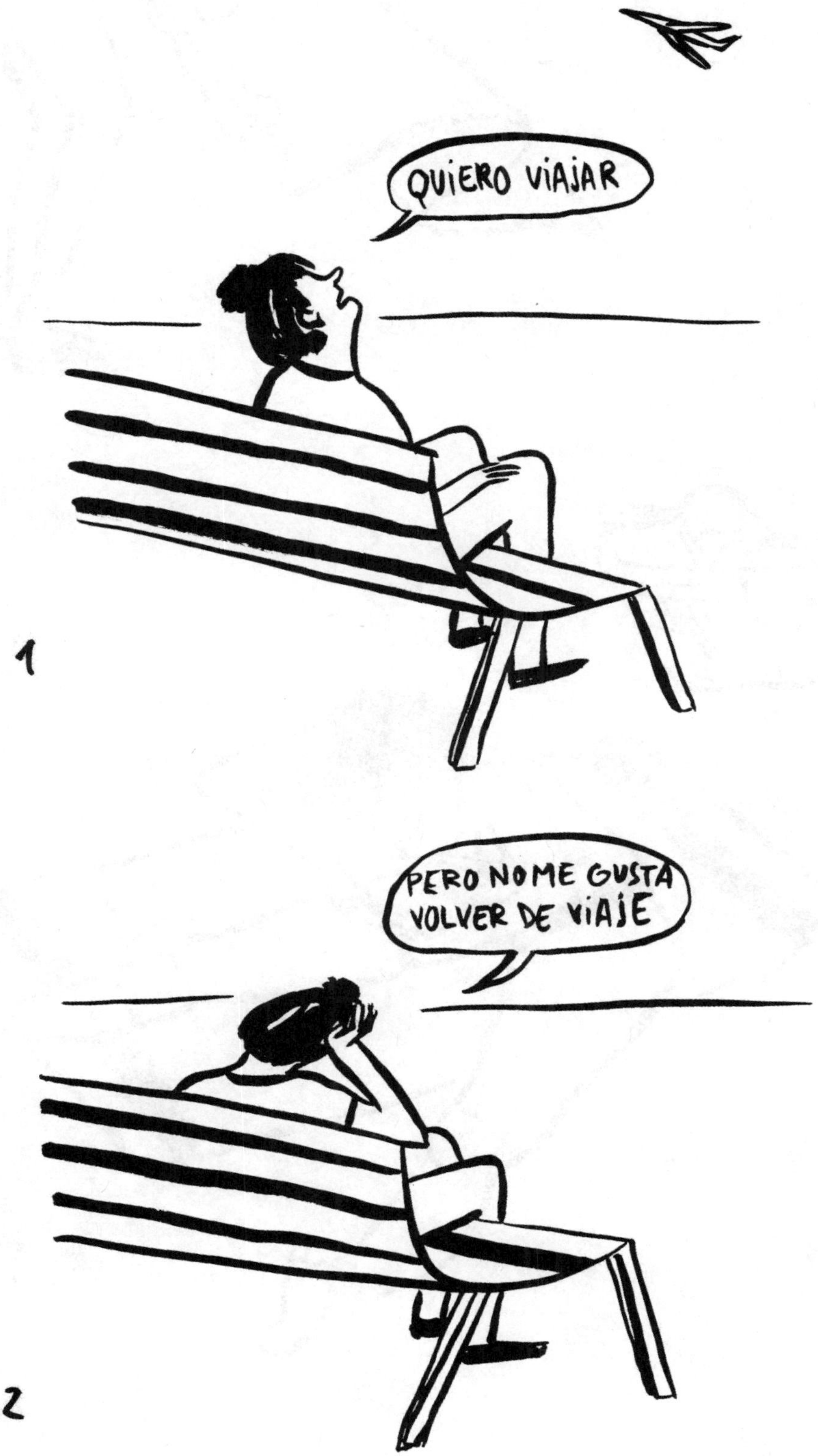
QUIERO VIAJAR
1
PERO NO ME GUSTA
VOLVER DE VIAJE
2

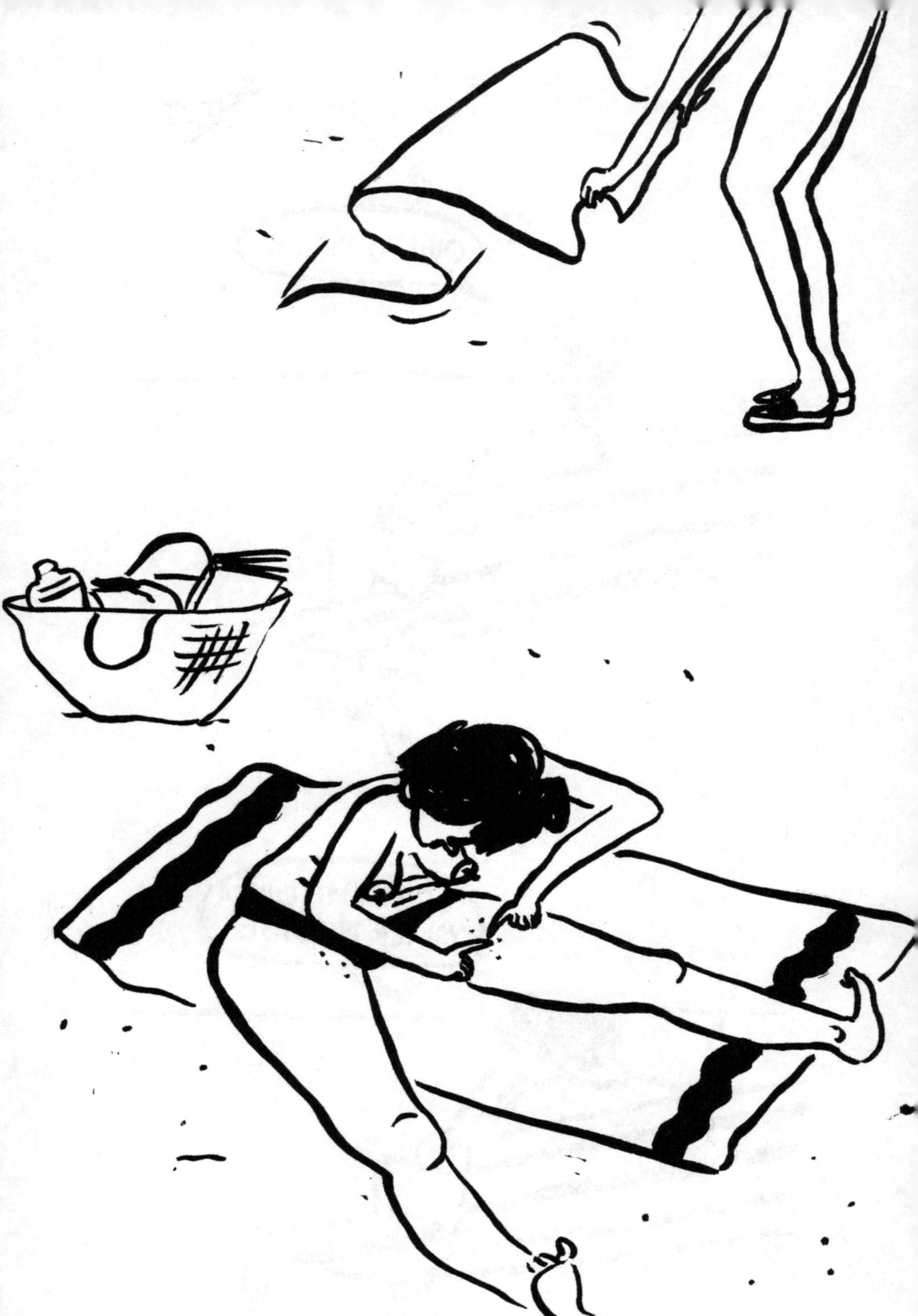

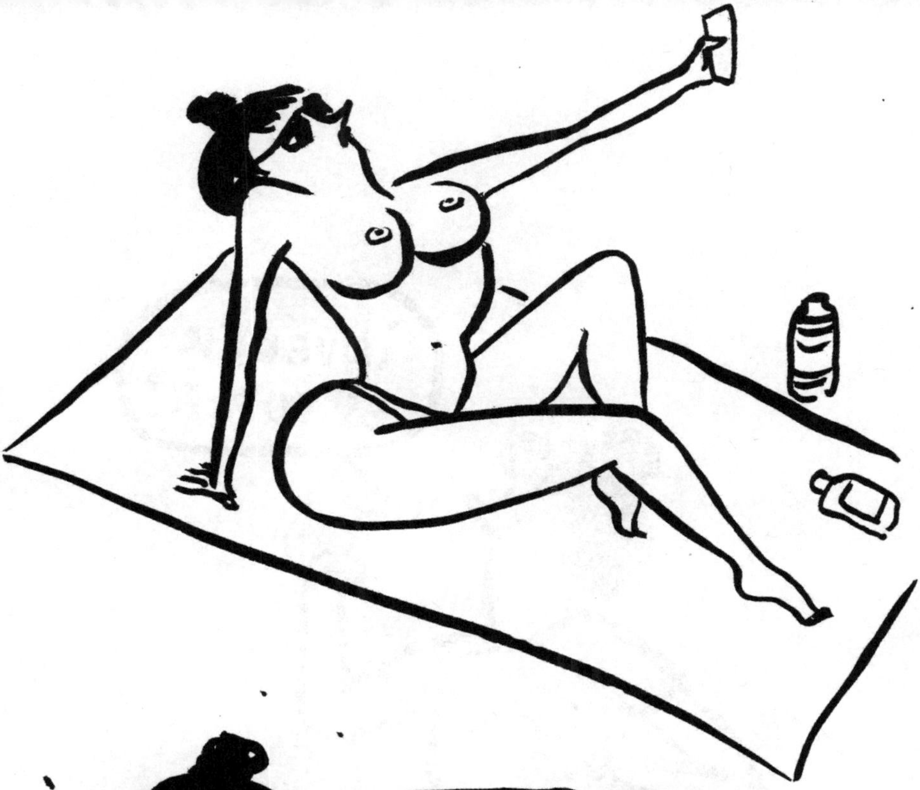

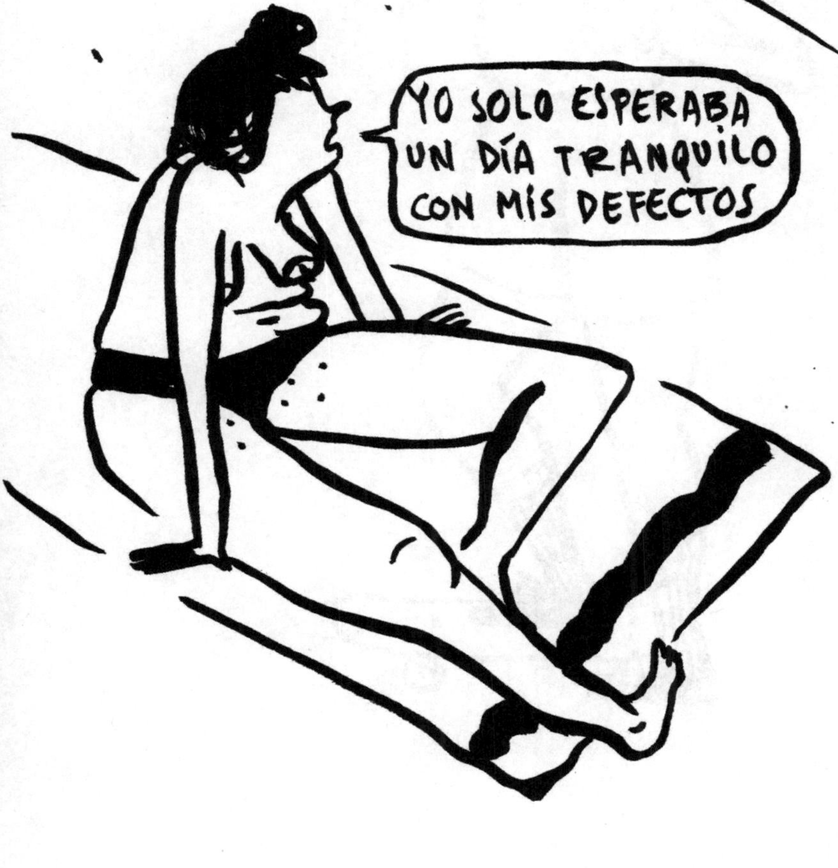
YO SOLO ESPERABA UN DÍA TRANQUILO CON MÍS DEFECTOS

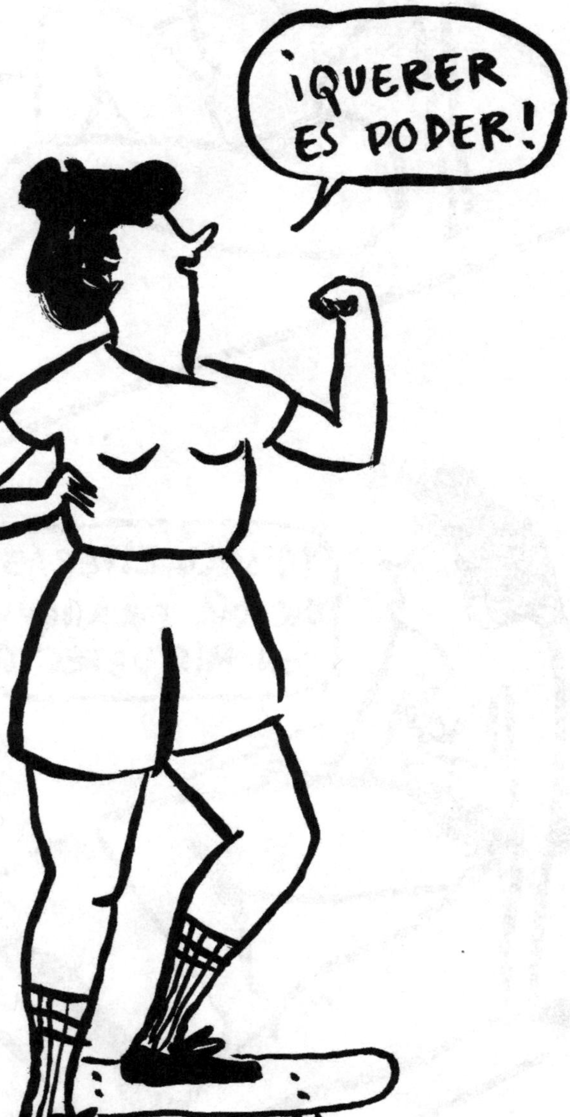
¡QUERER ES PODER!

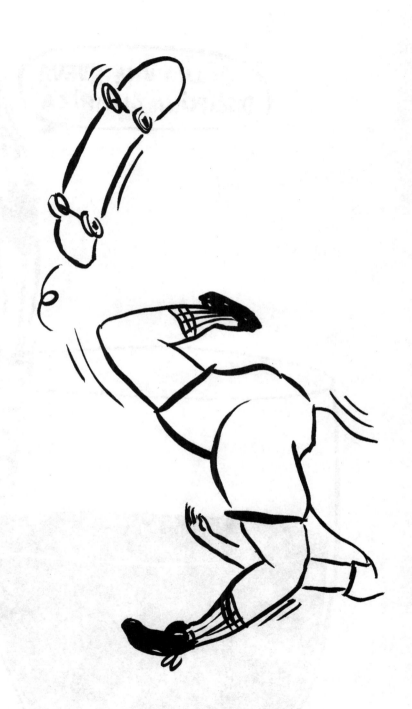

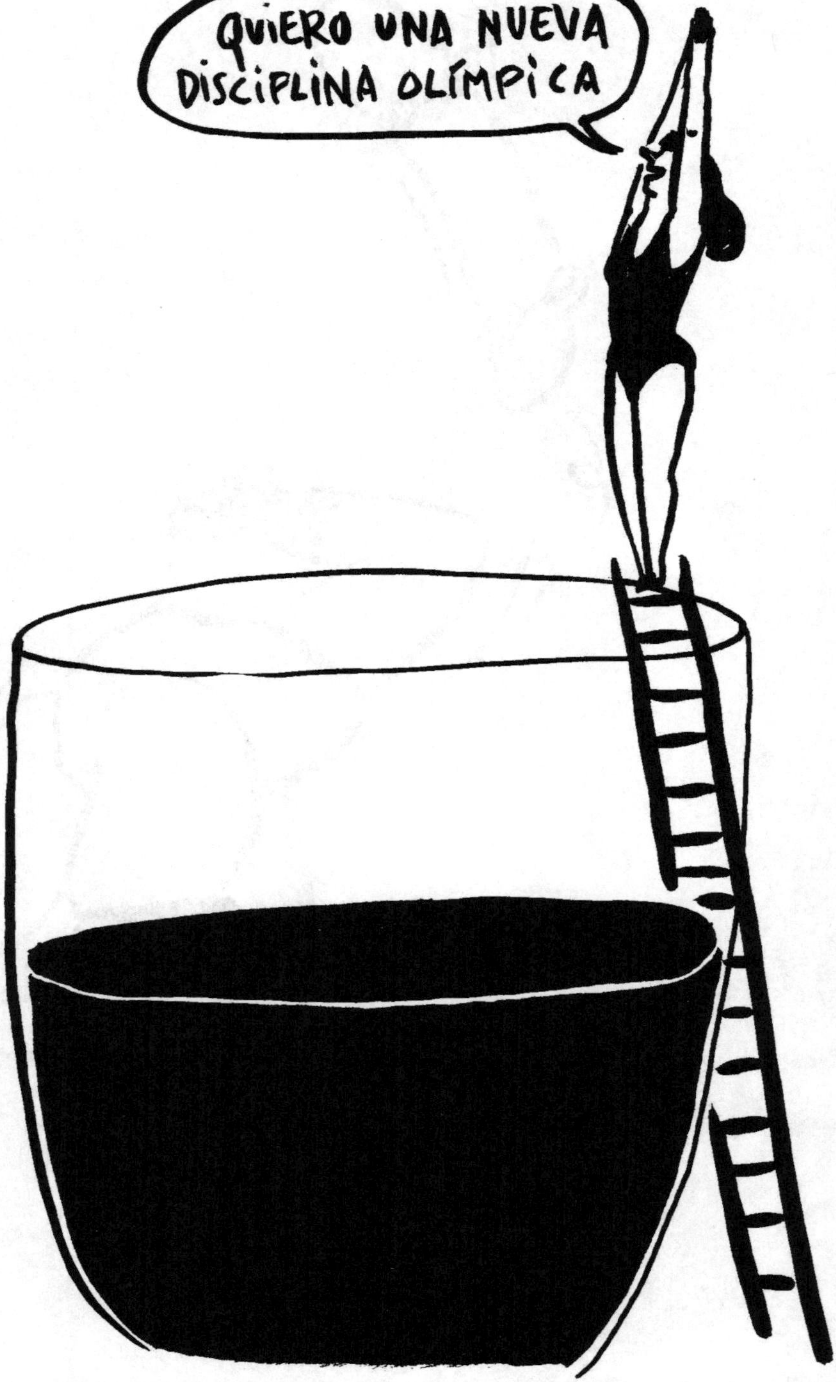
QUIERO UNA NUEVA DISCIPLINA OLÍMPICA

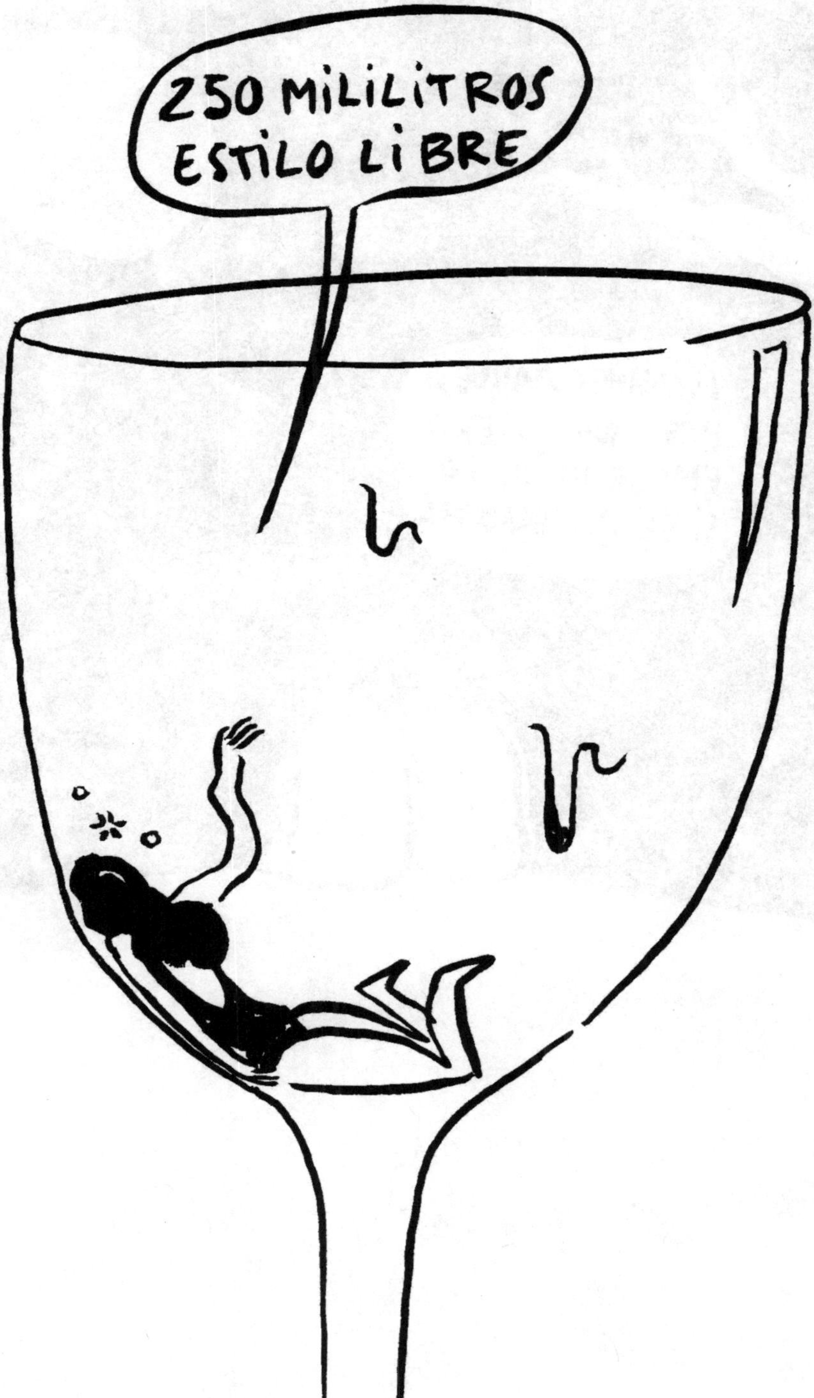
250 MILILITROS ESTILO LIBRE

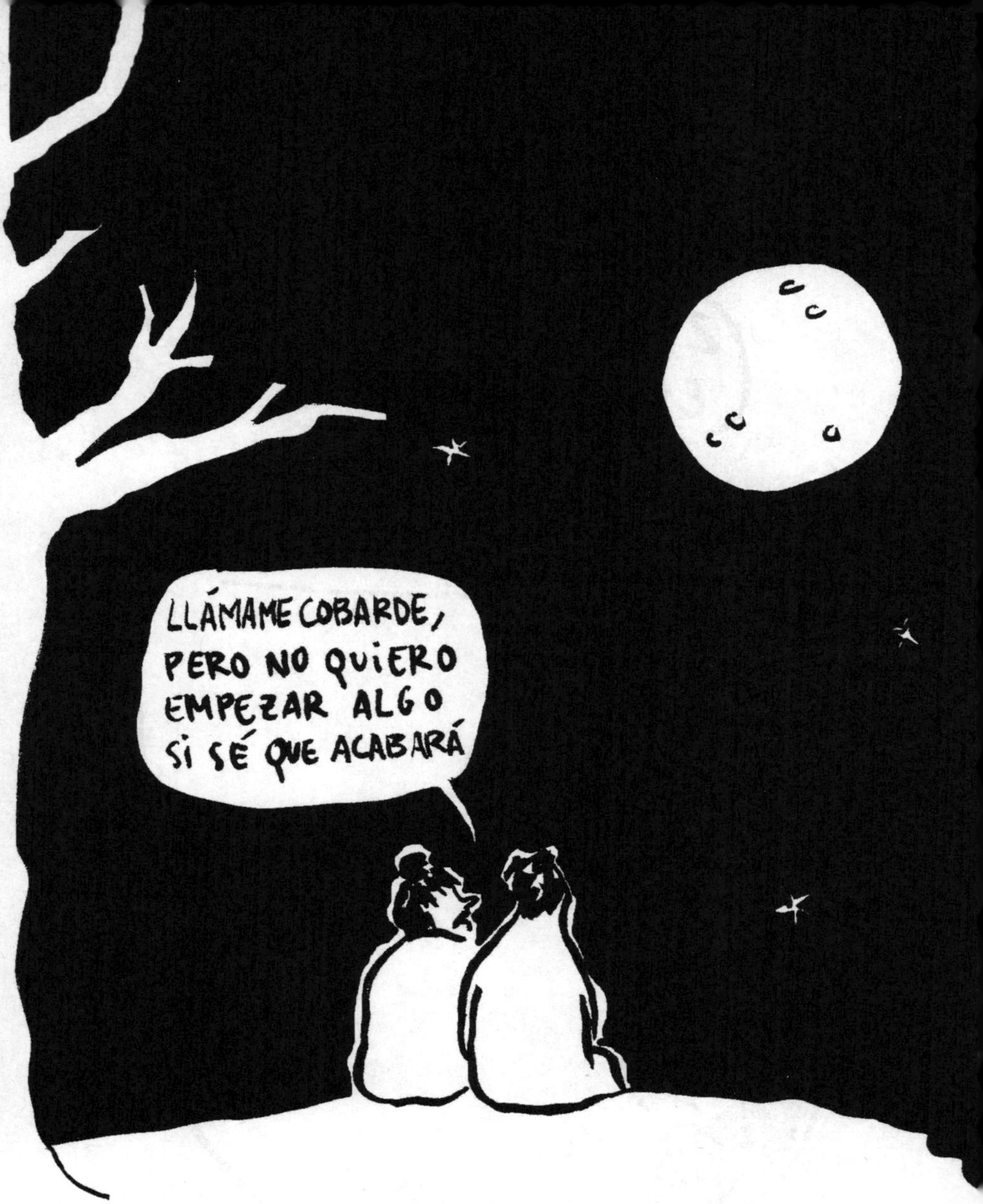
LLÁMAME COBARDE, PERO NO QUIERO EMPEZAR ALGO SI SÉ QUE ACABARÁ

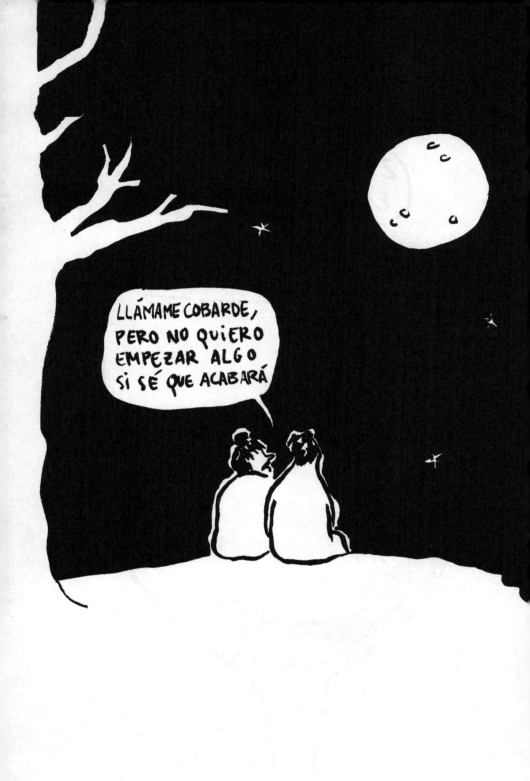

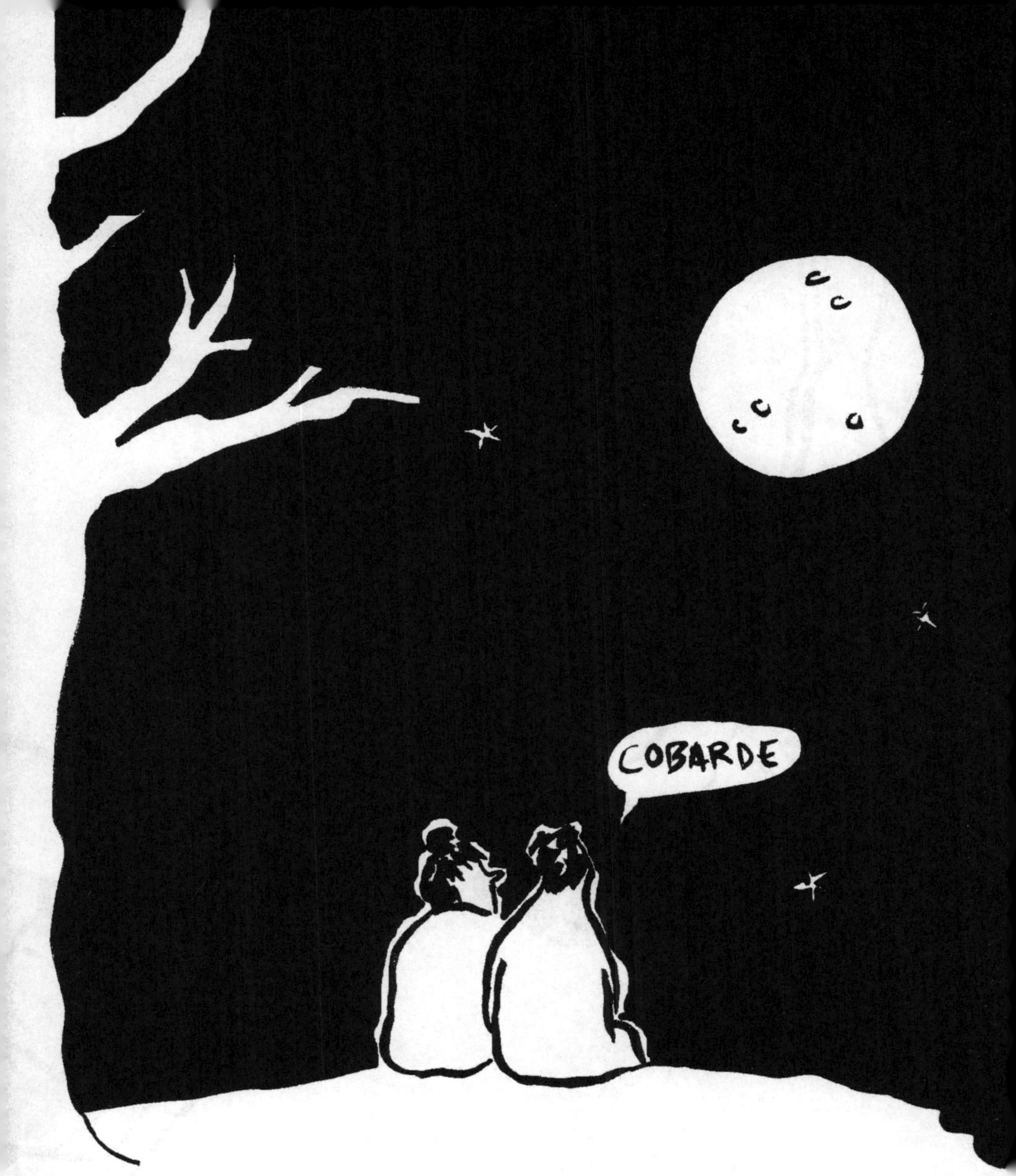
COBARDE

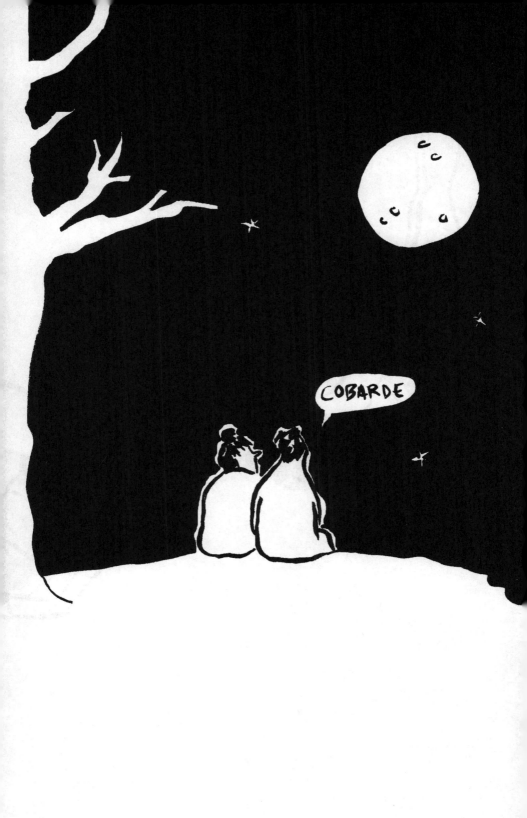

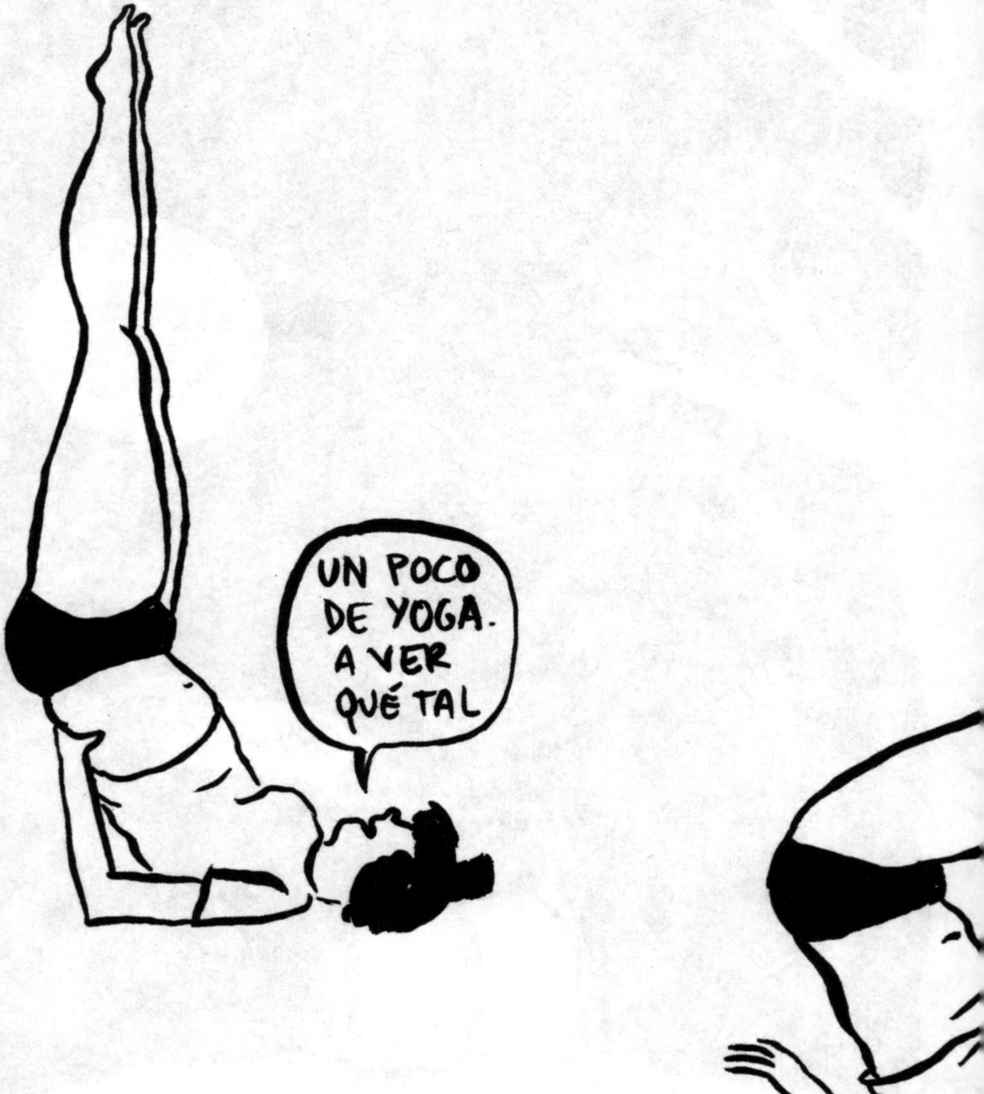
UN POCO DE YOGA. A VER QUÉ TAL

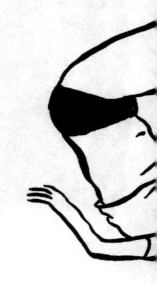

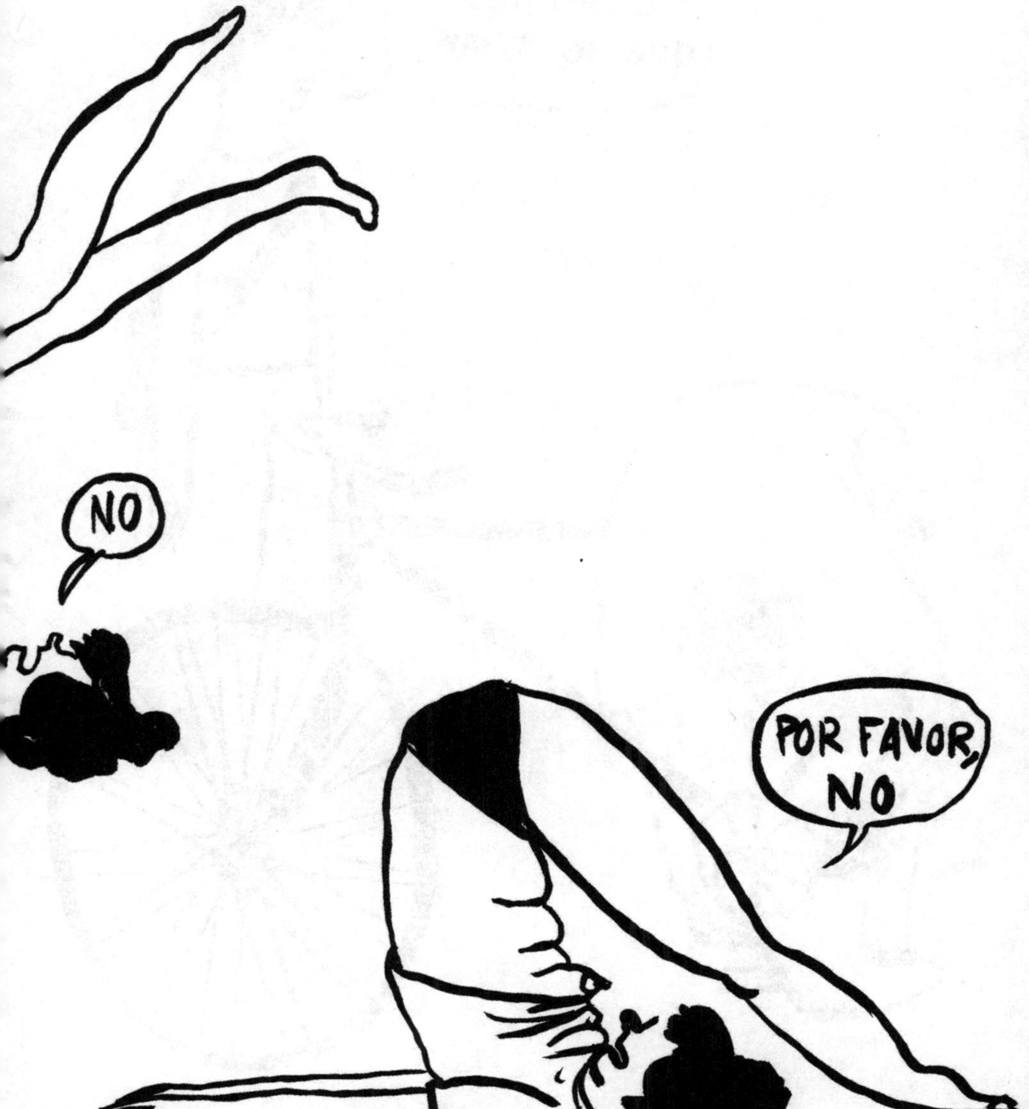
NO
POR FAVOR, NO

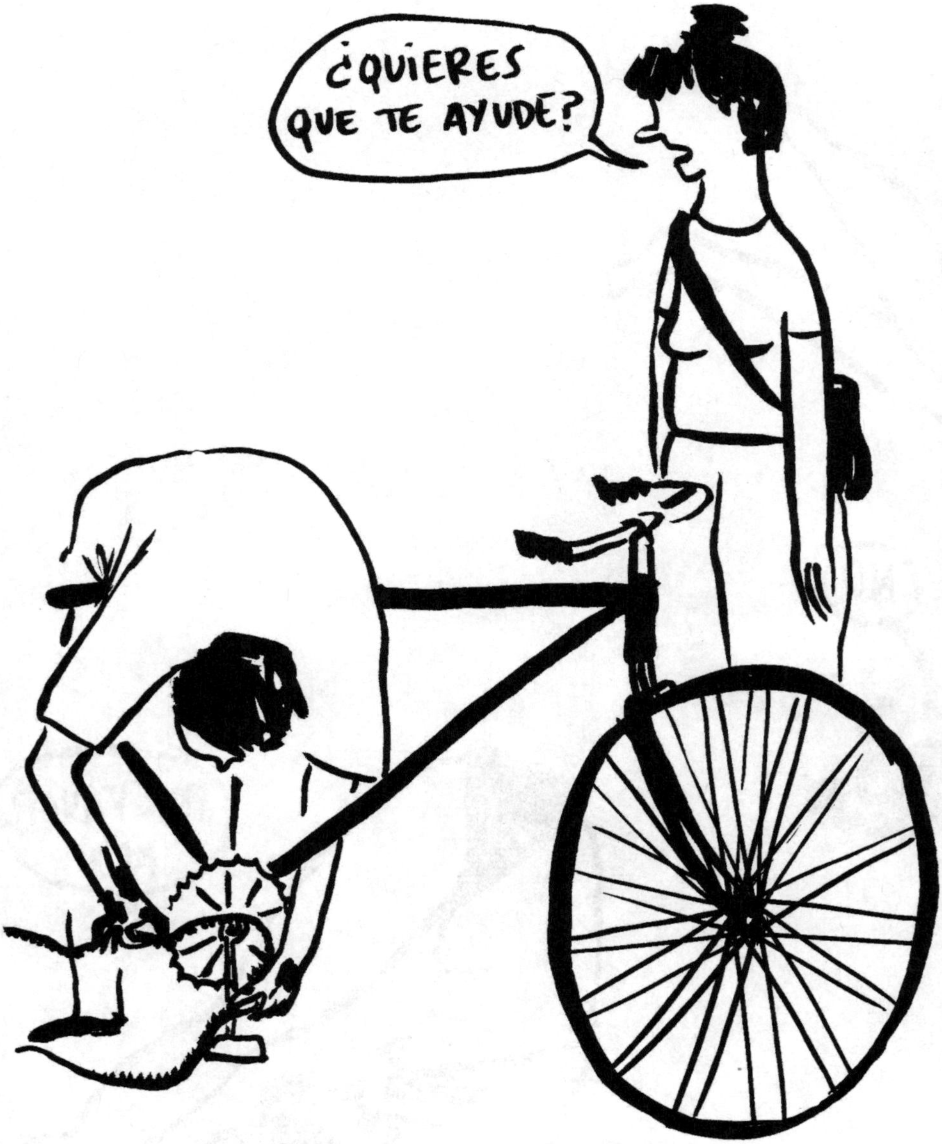
¿QUIERES QUE TE AYUDE?

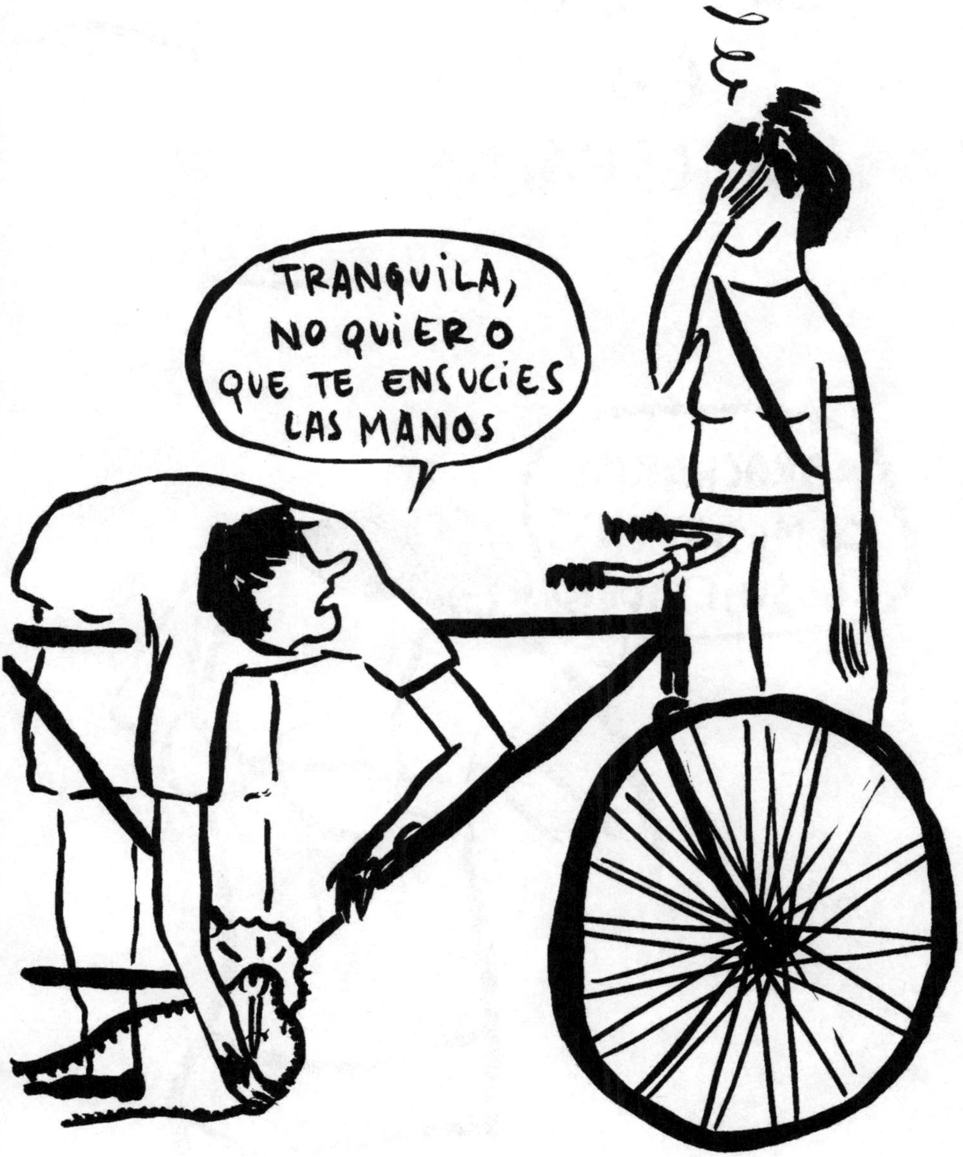
TRANQUILA, NO QUIERO QUE TE ENSUCIES LAS MANOS

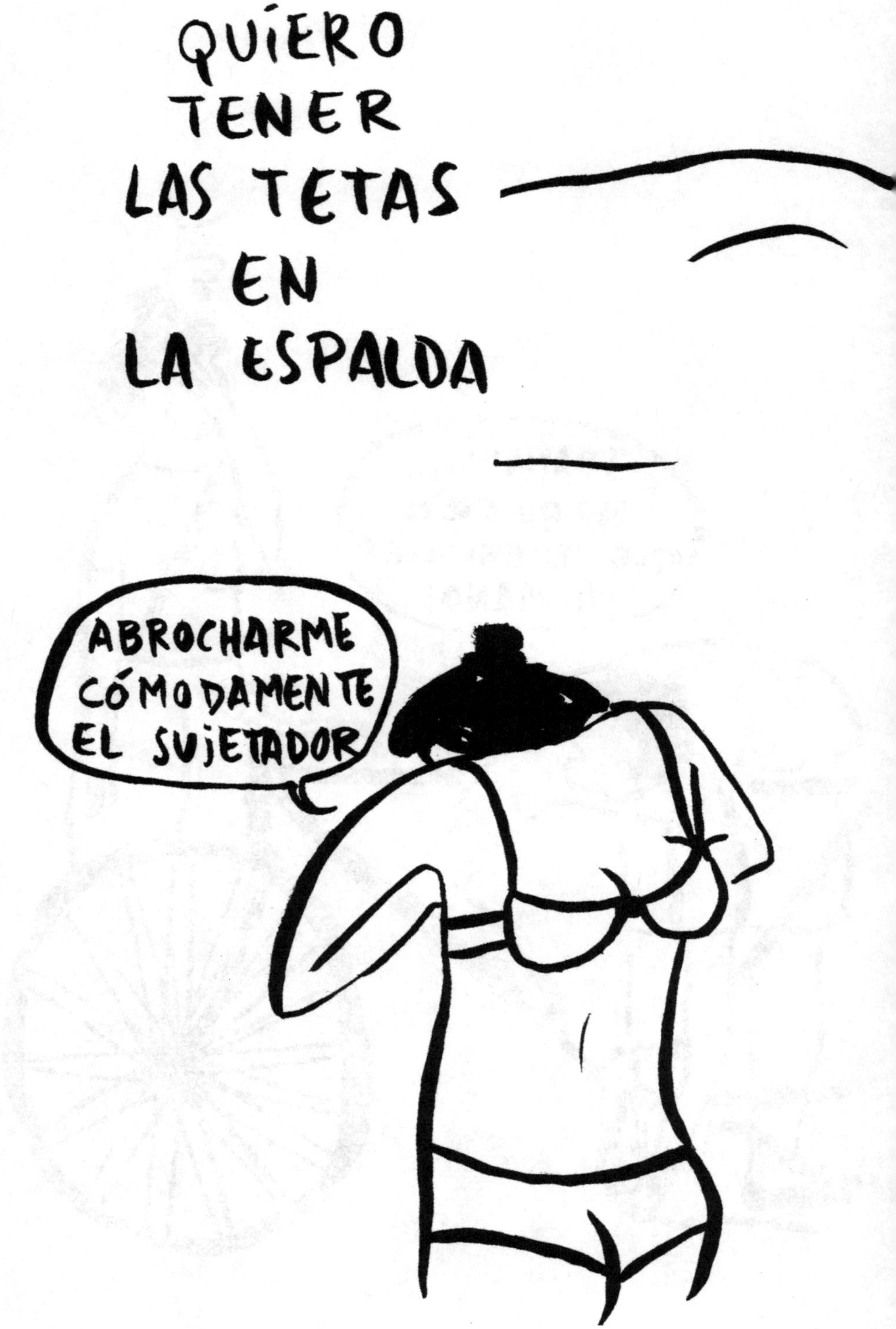
QUIERO TENER LAS TETAS EN LA ESPALDA
ABROCHARME CÓMODAMENTE EL SUJETADOR

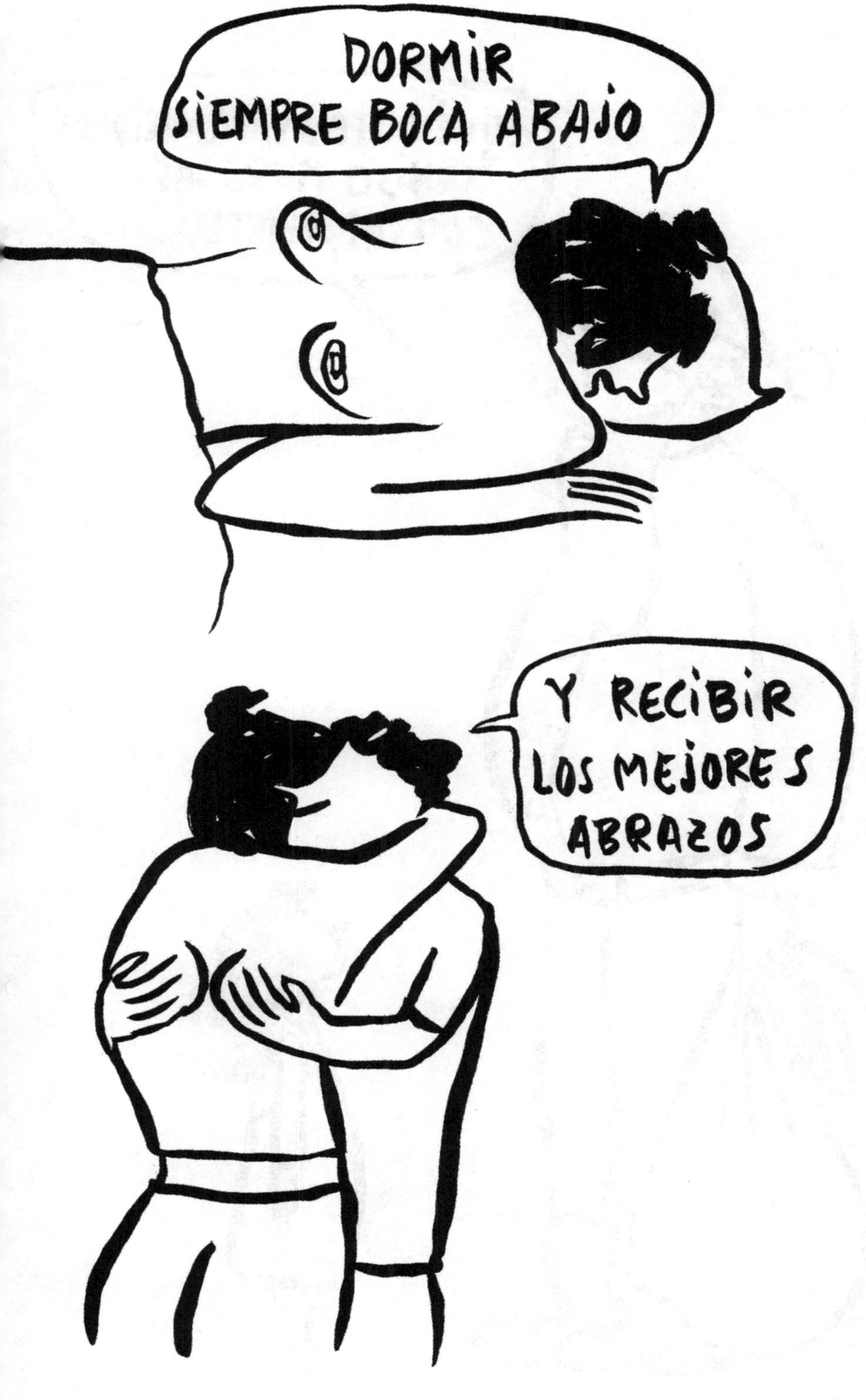
DORMIR SIEMPRE BOCA ABAJO
Y RECIBIR LOS MEJORES ABRAZOS

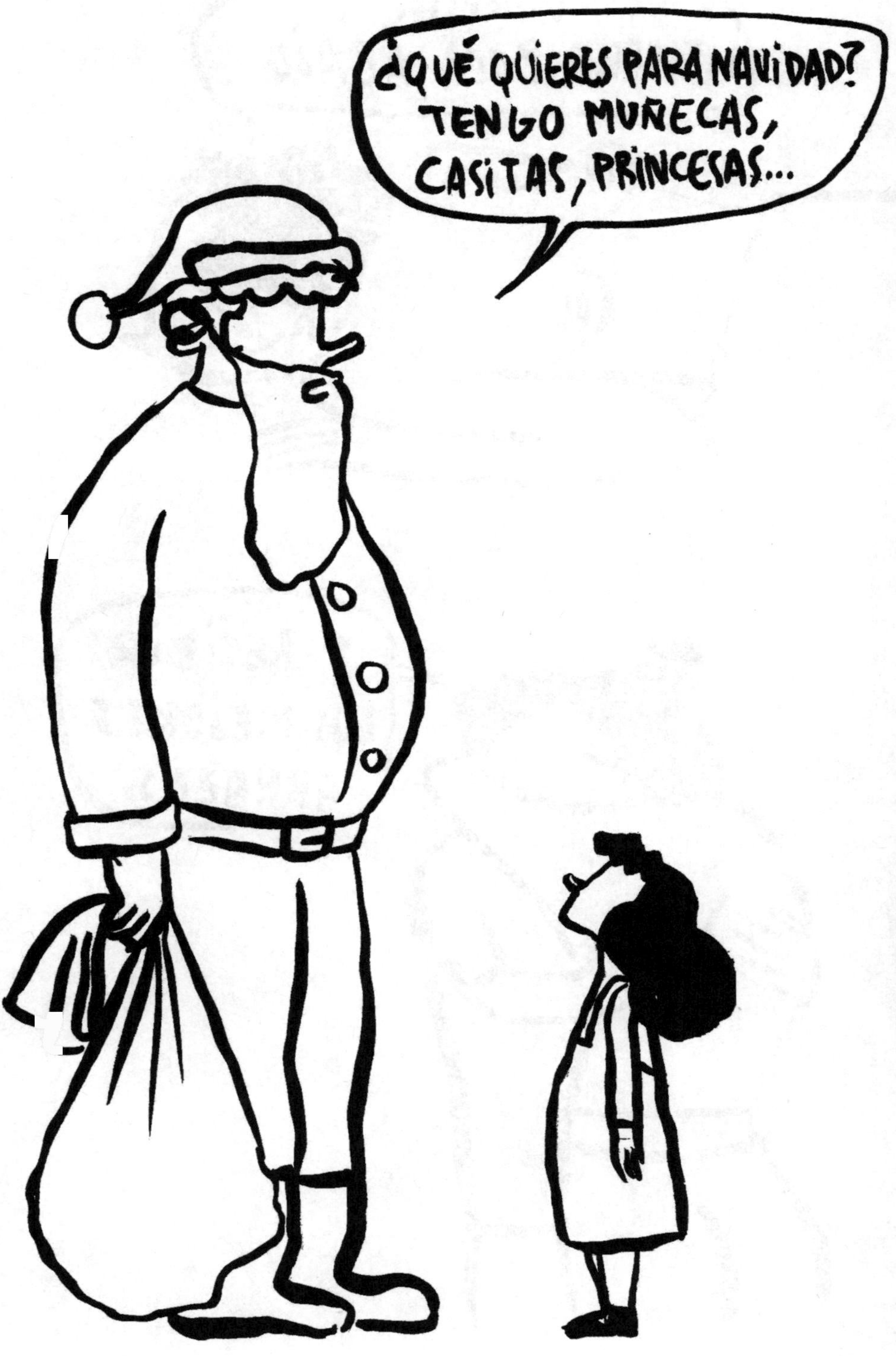
¿QUÉ QUIERES PARA NAVIDAD? TENGO MUÑECAS, CASITAS, PRINCESAS...

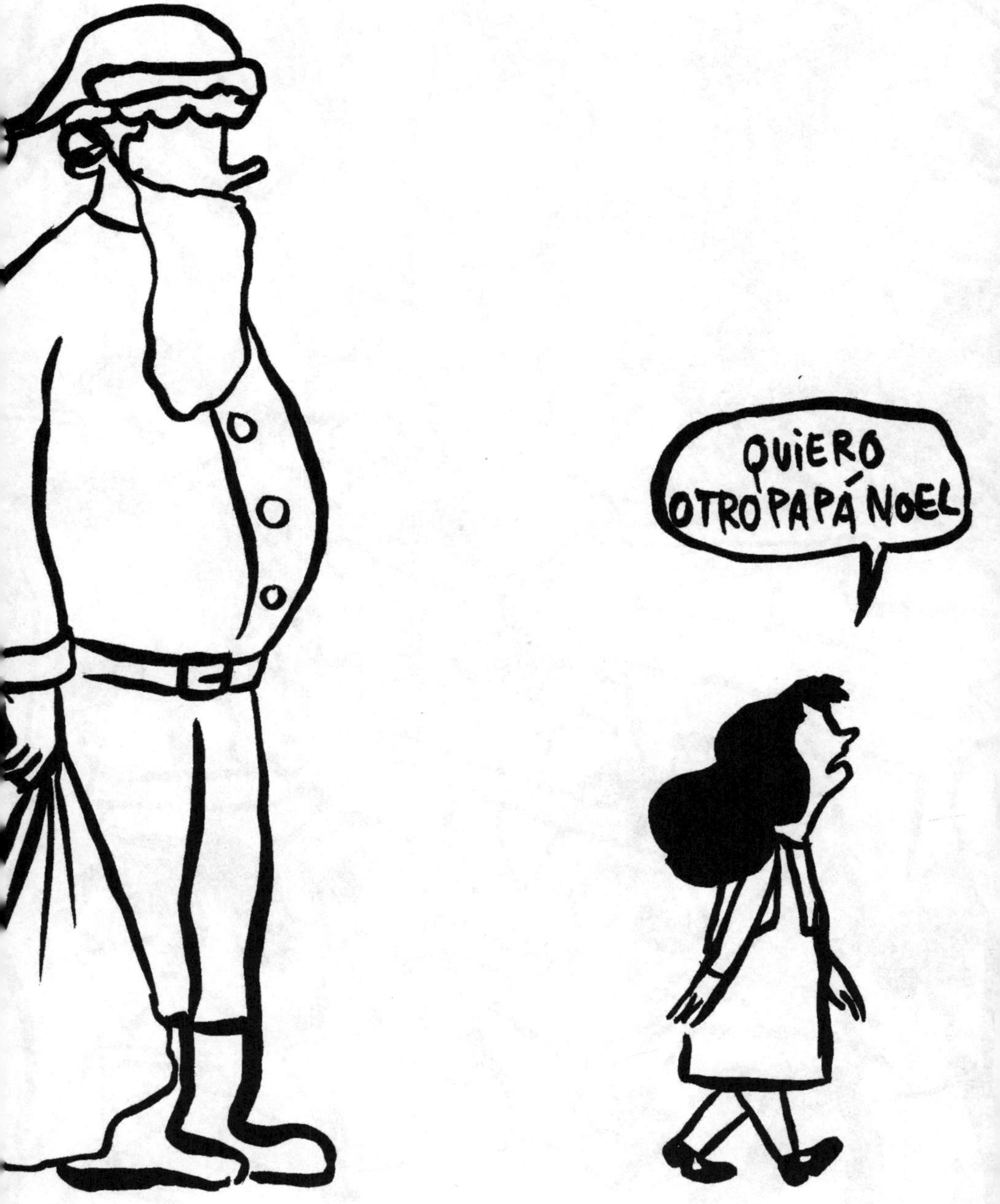
QUIERO OTRO PAPÁ NOEL

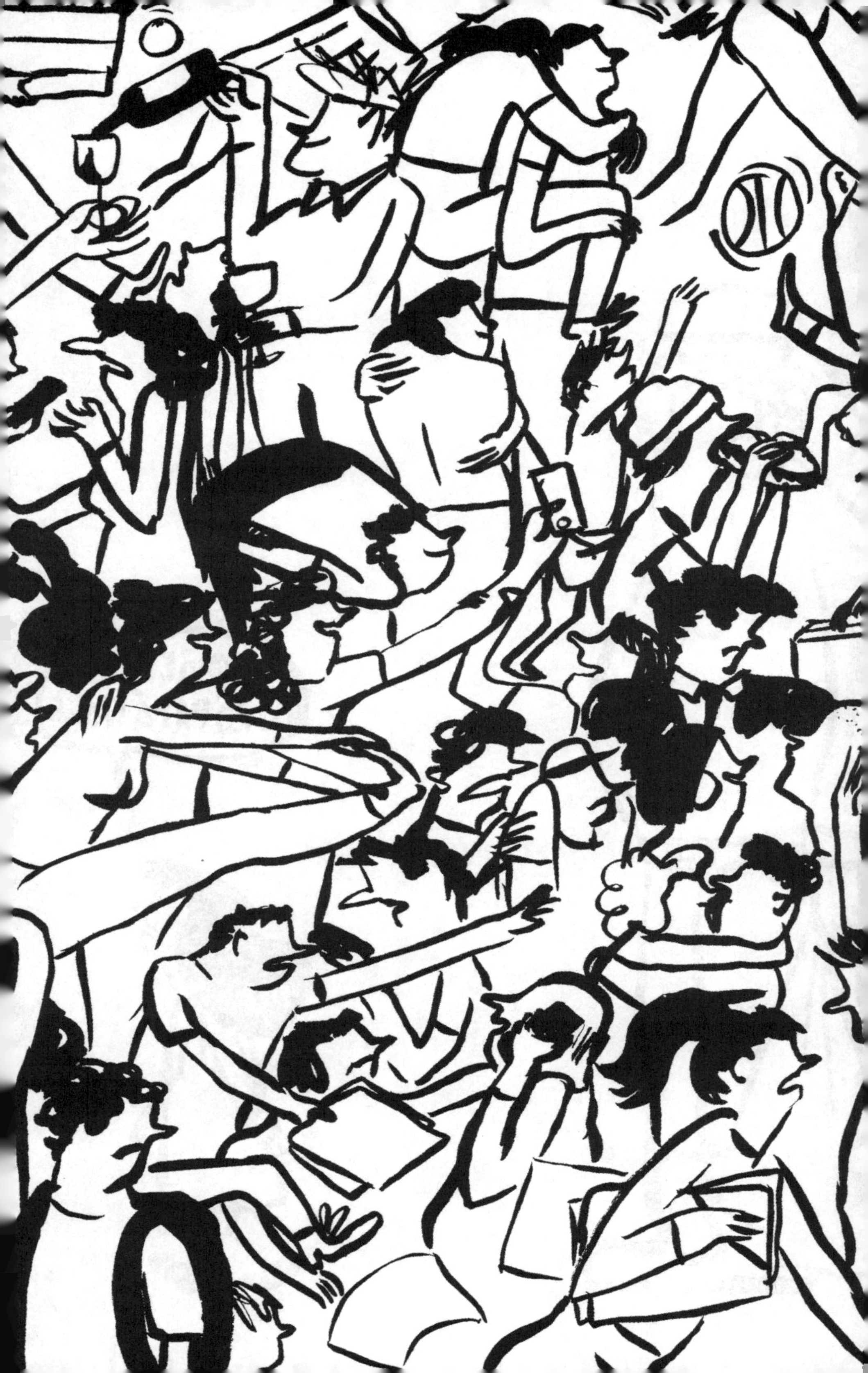

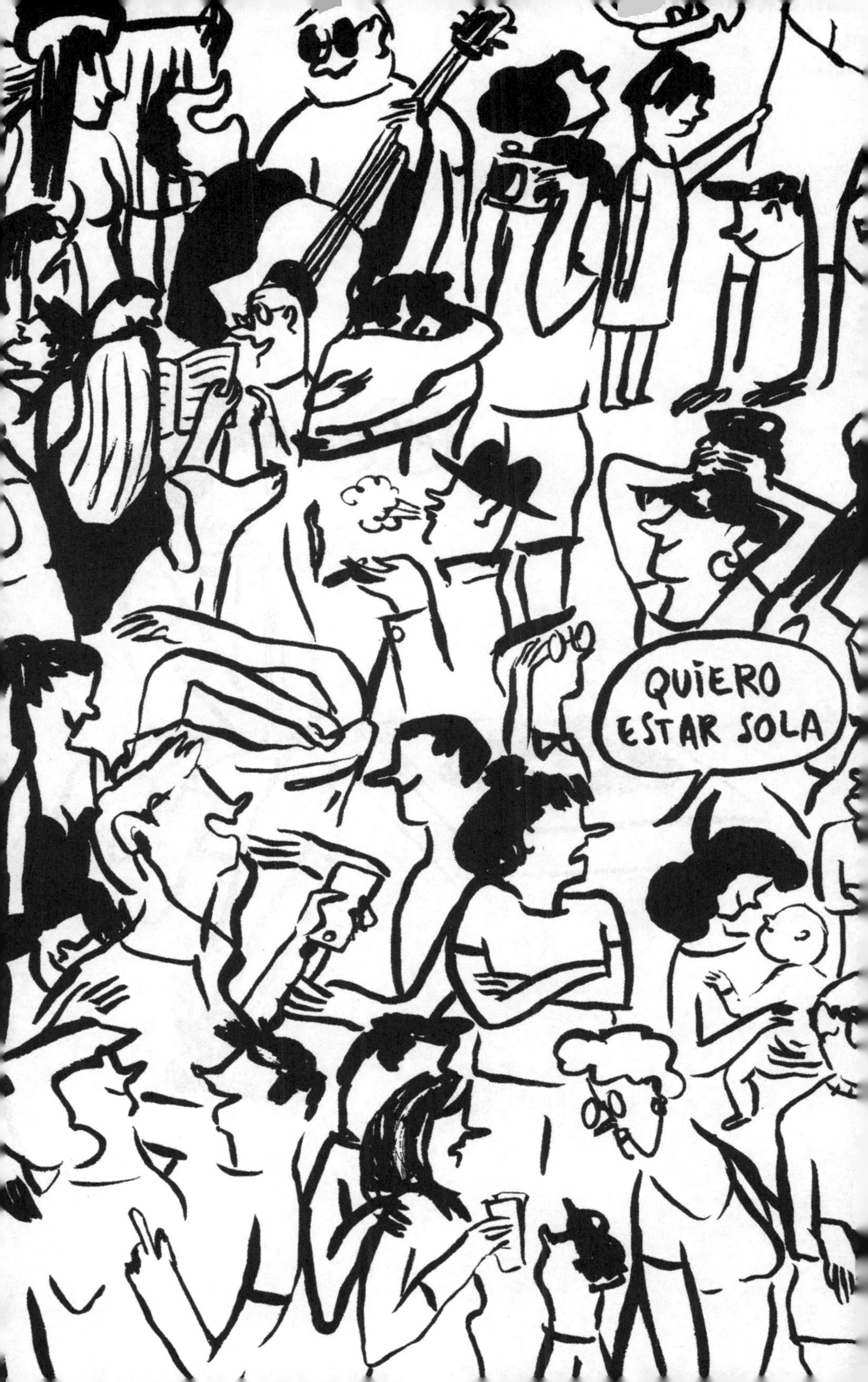
QUIERO ESTAR SOLA

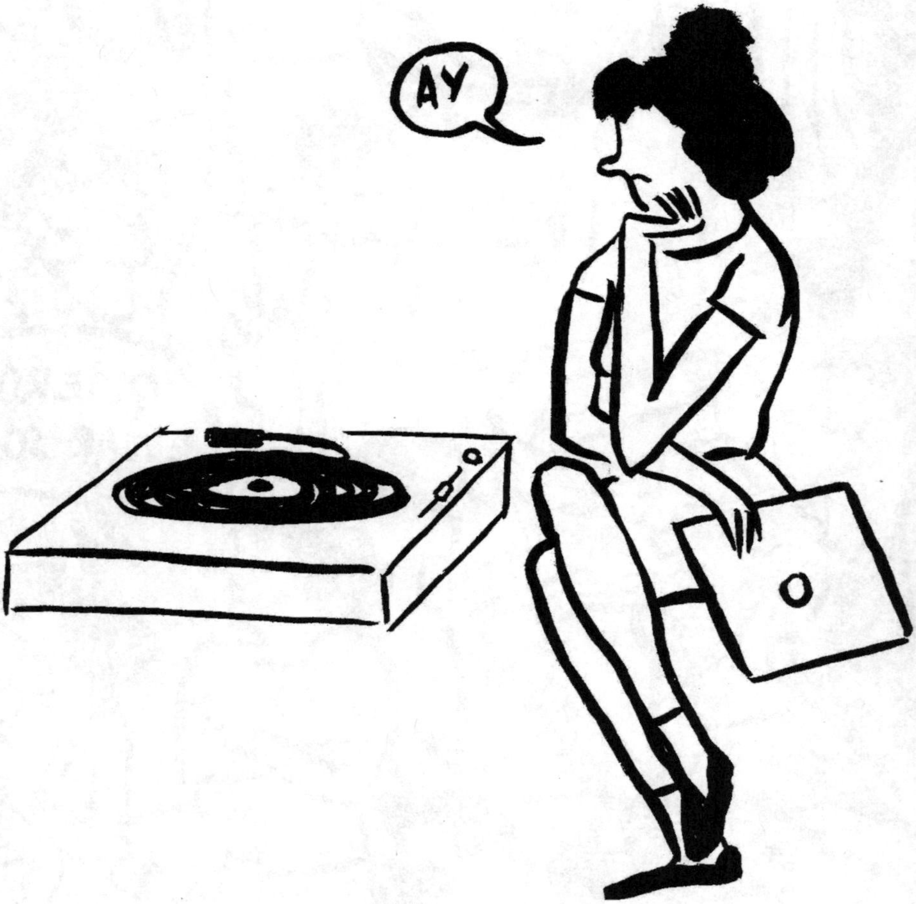
AY

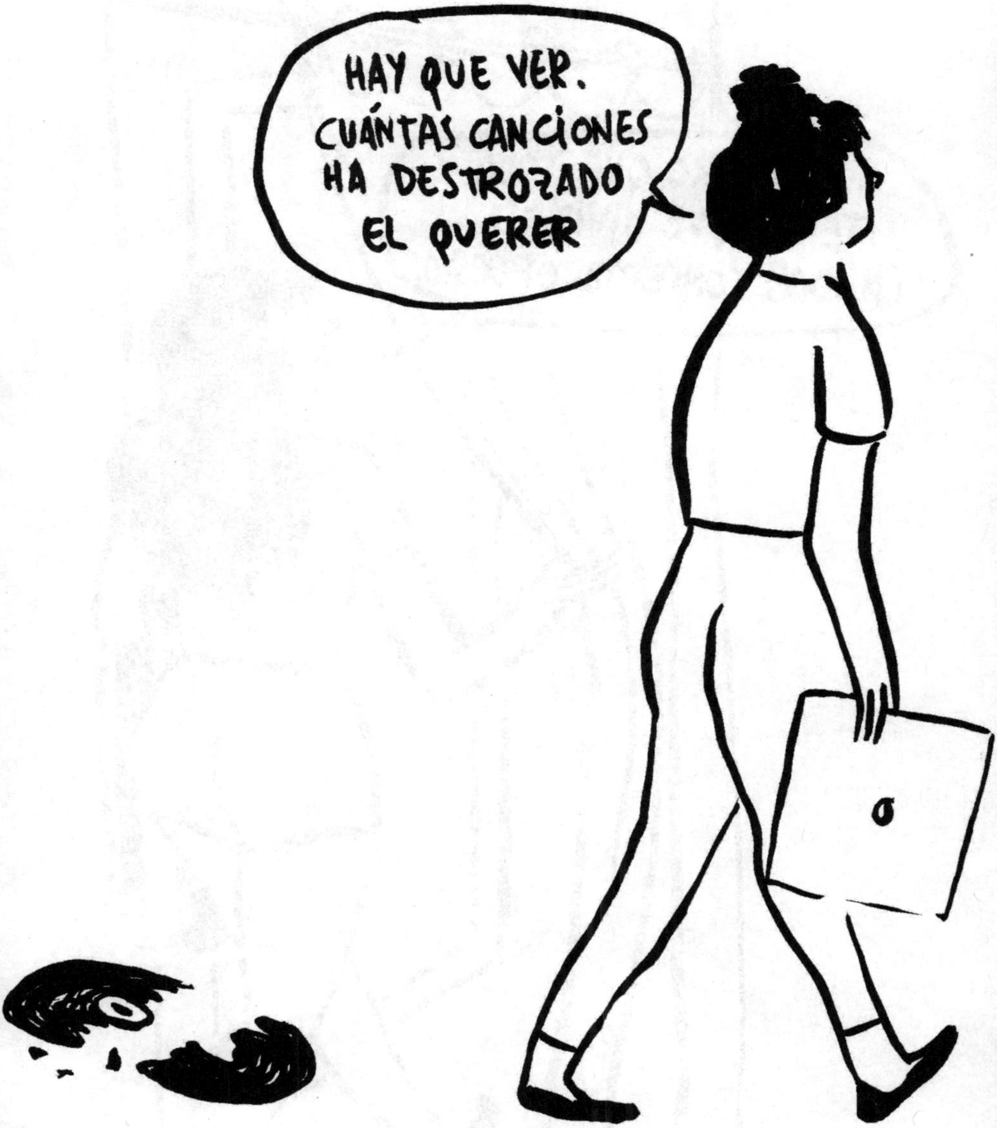
HAY QUE VER. CUÁNTAS CANCIONES HA DESTROZADO EL QUERER

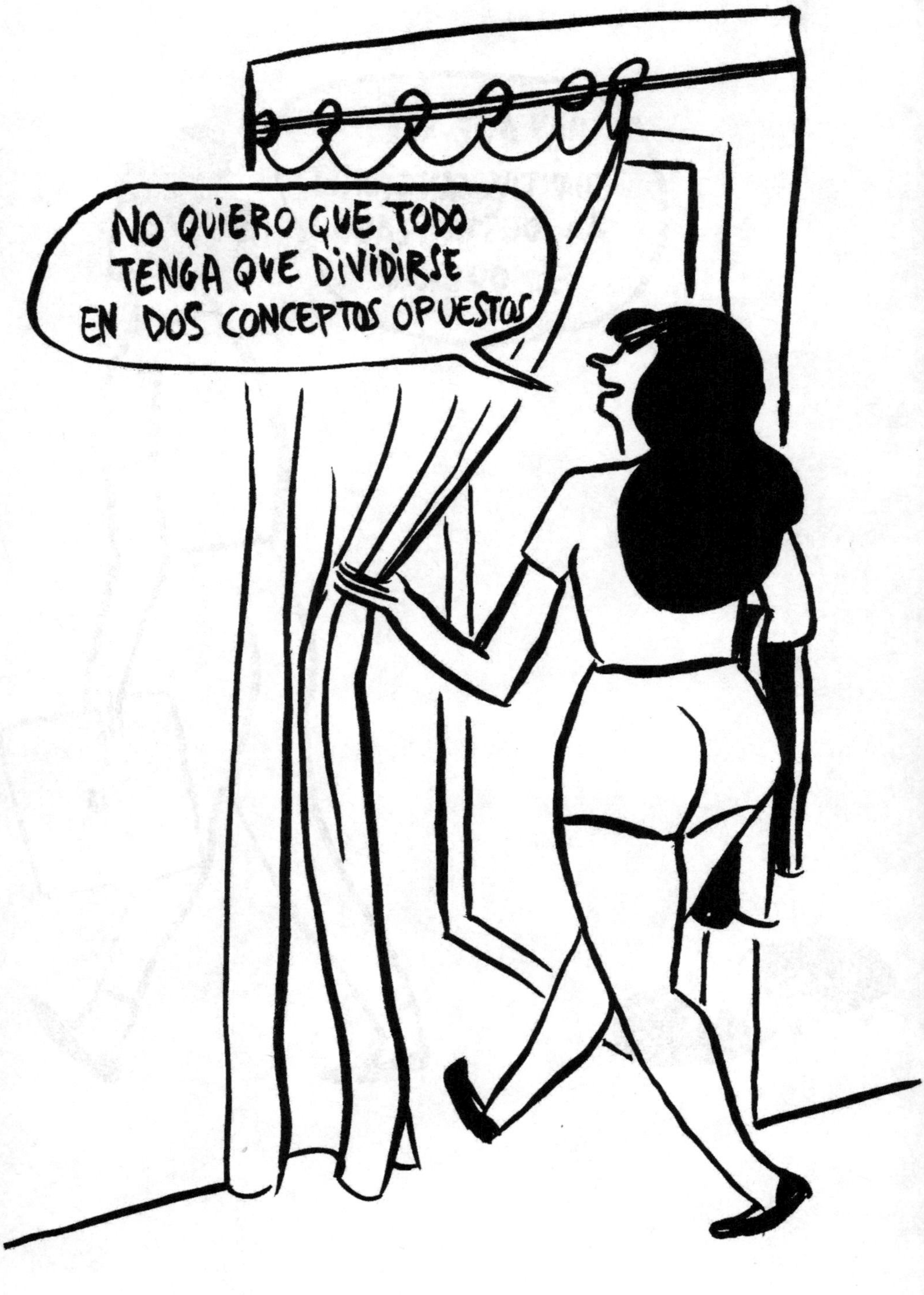
NO QUIERO QUE TODO TENGA QUE DIVIDIRSE EN DOS CONCEPTOS OPUESTOS

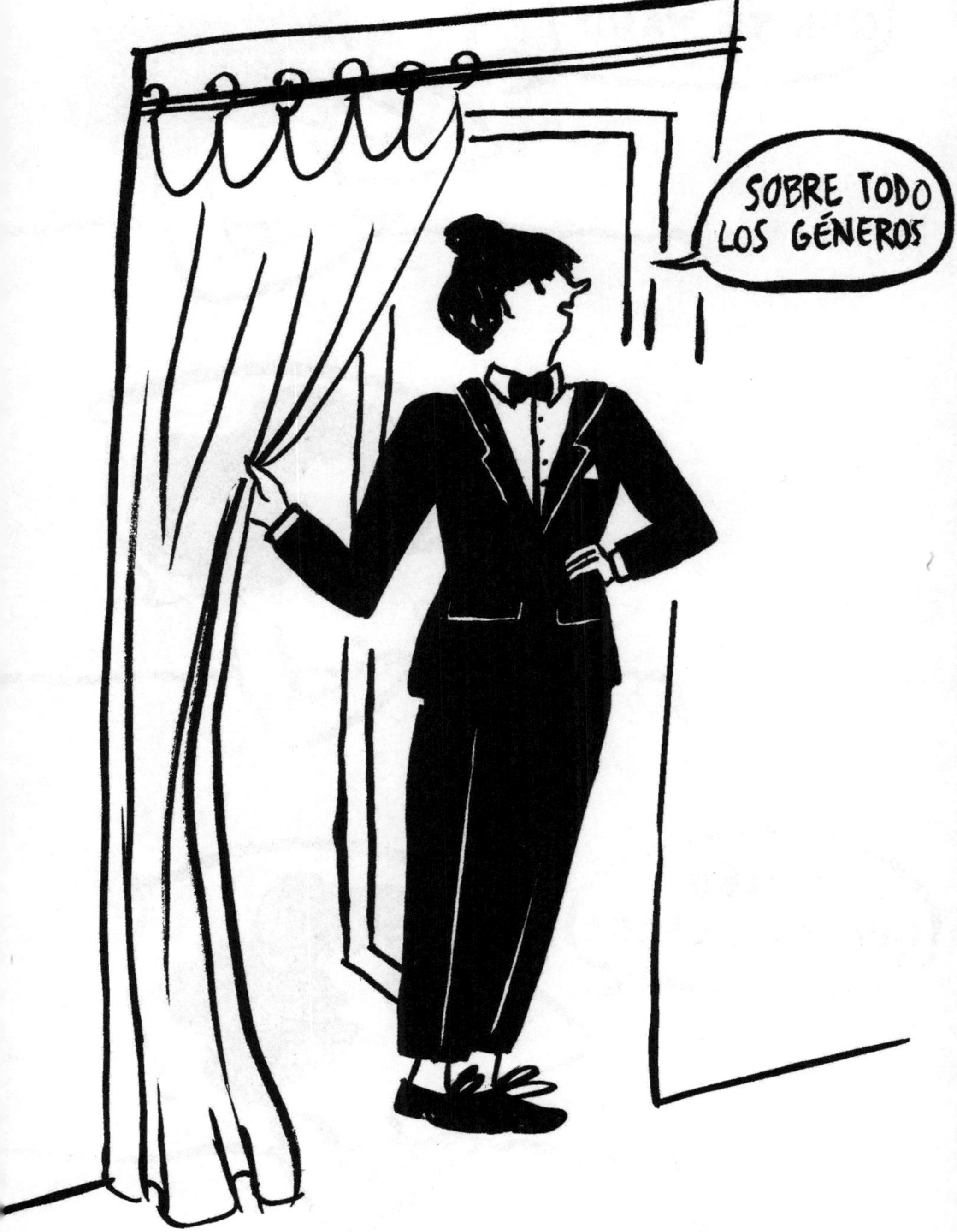
SOBRE TODO LOS GÉNEROS

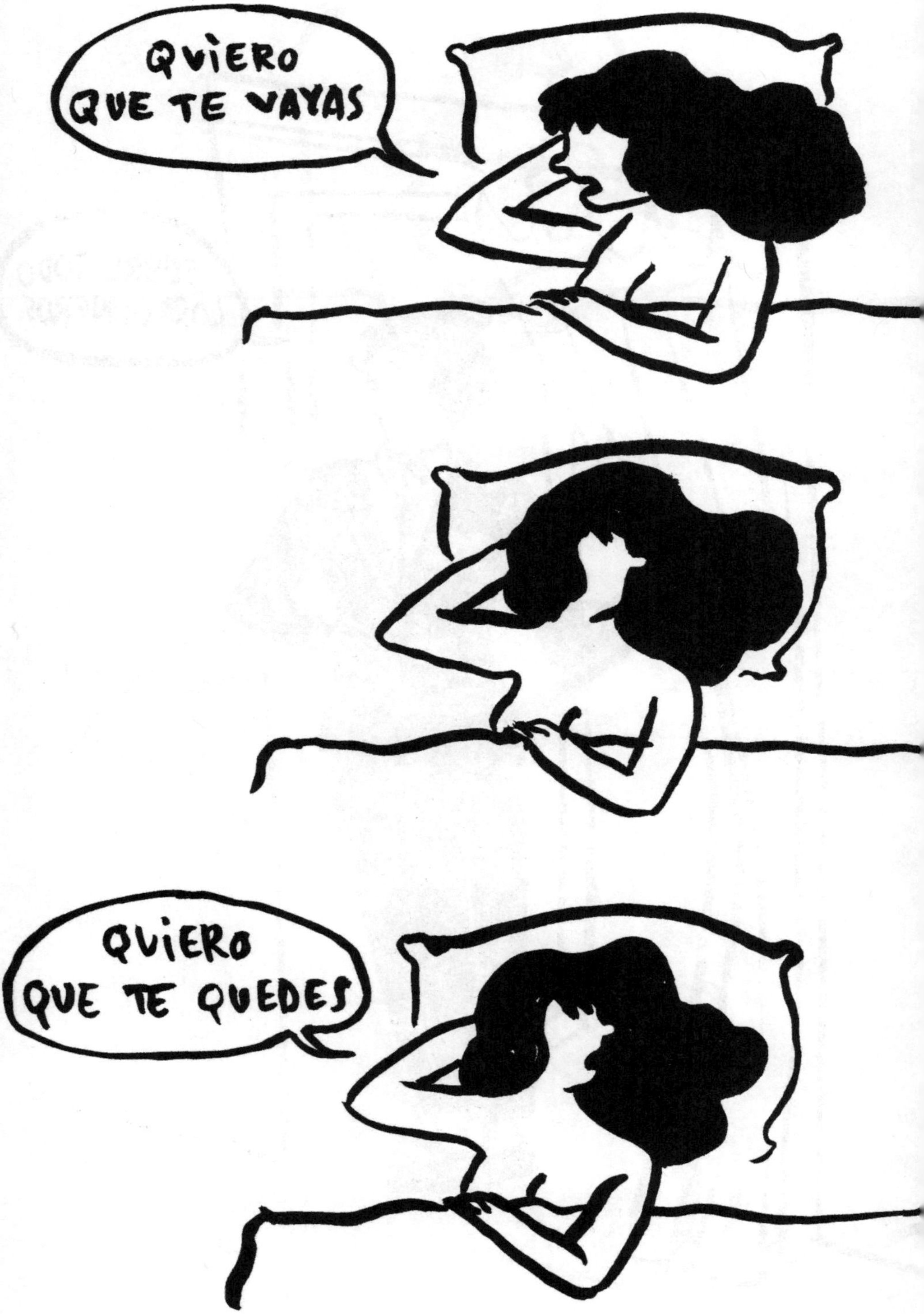
QUIERO QUE TE VAYAS
QUIERO QUE TE QUEDES

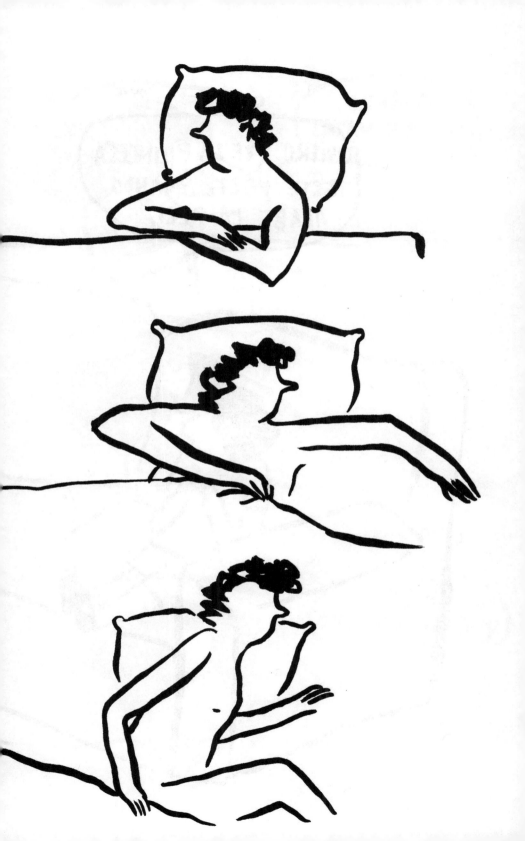

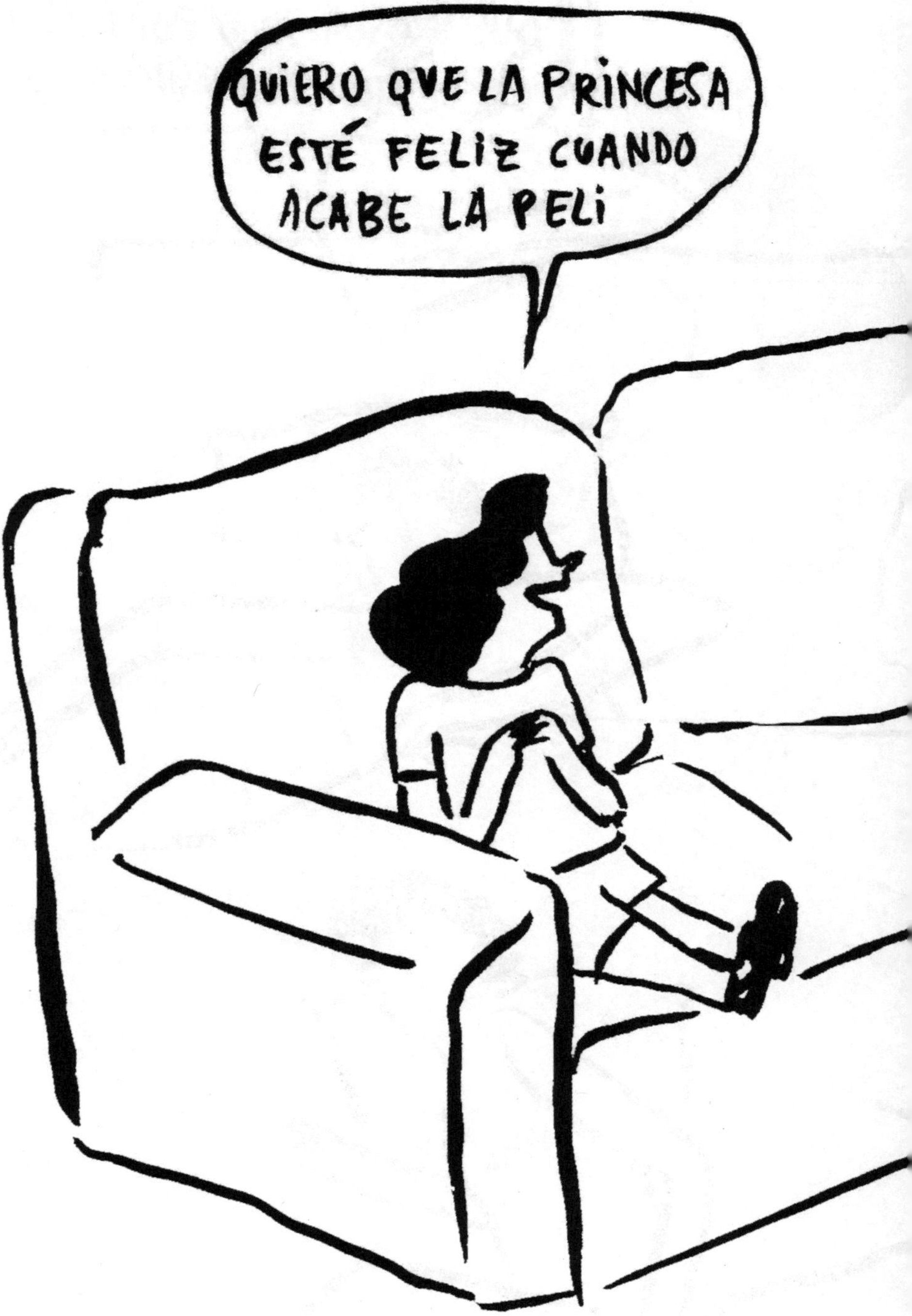
QUIERO QUE LA PRINCESA ESTÉ FELIZ CUANDO ACABE LA PELI

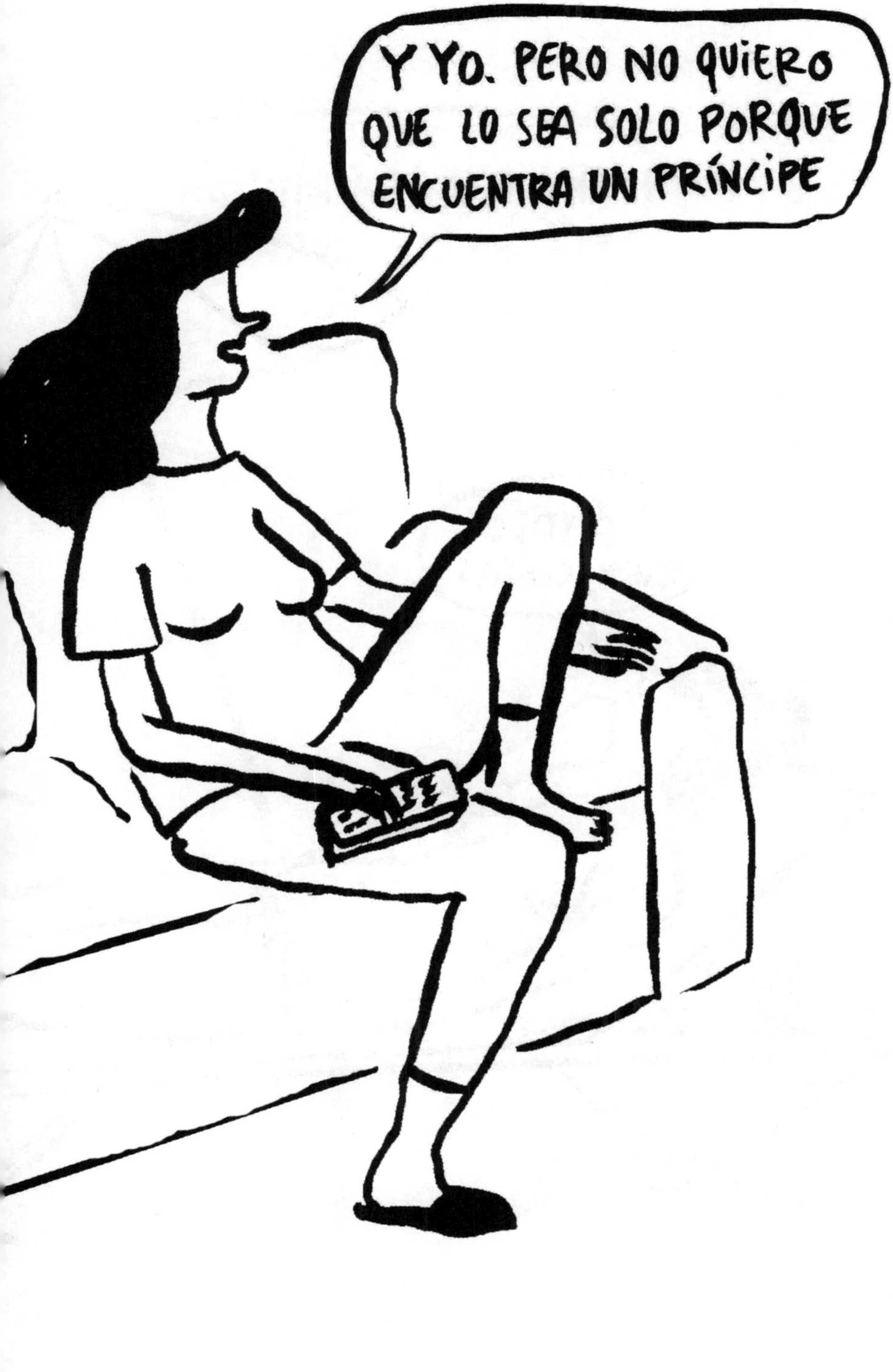
Y YO. PERO NO QUIERO QUE LO SEA SOLO PORQUE ENCUENTRA UN PRÍNCIPE

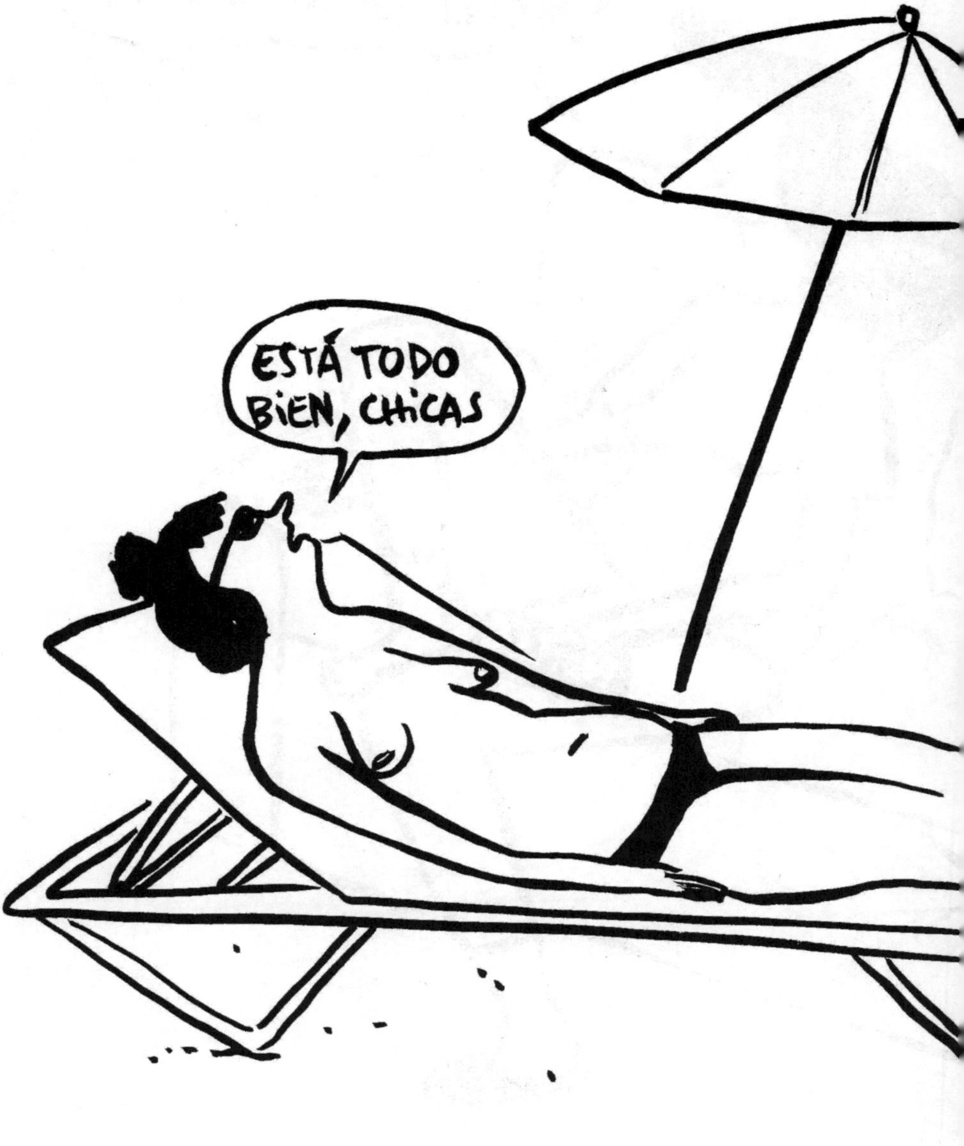
ESTÁ TODO BIEN, CHICAS

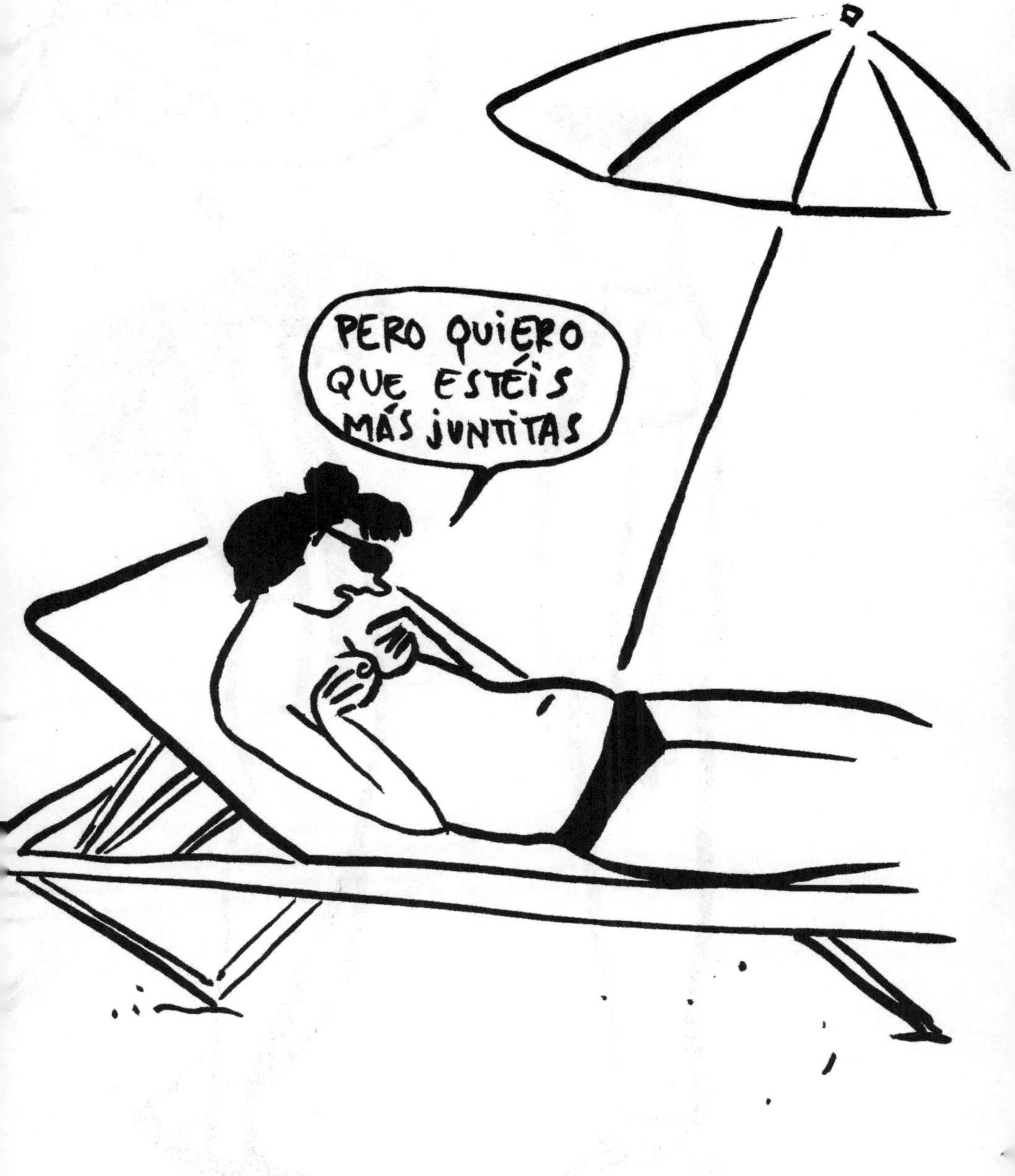
PERO QUIERO QUE ESTÉIS MÁS JUNTITAS

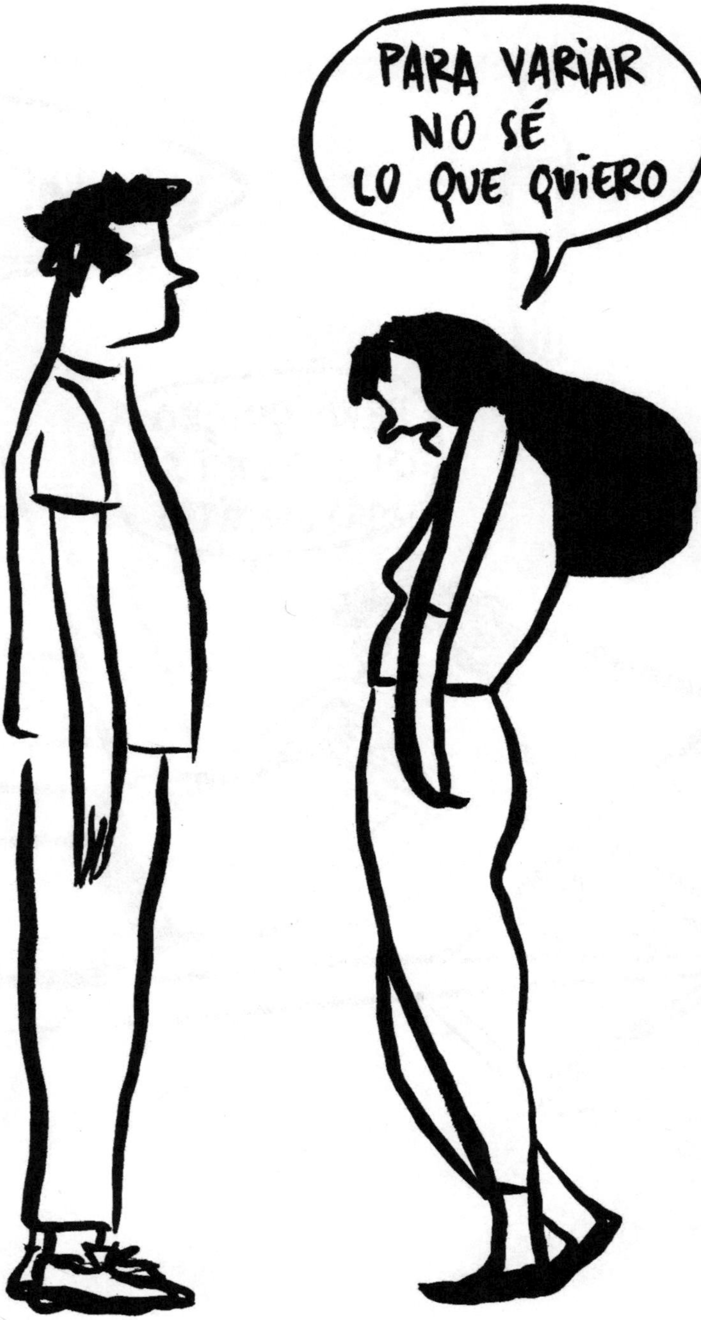
PARA VARIAR NO SÉ LO QUE QUIERO

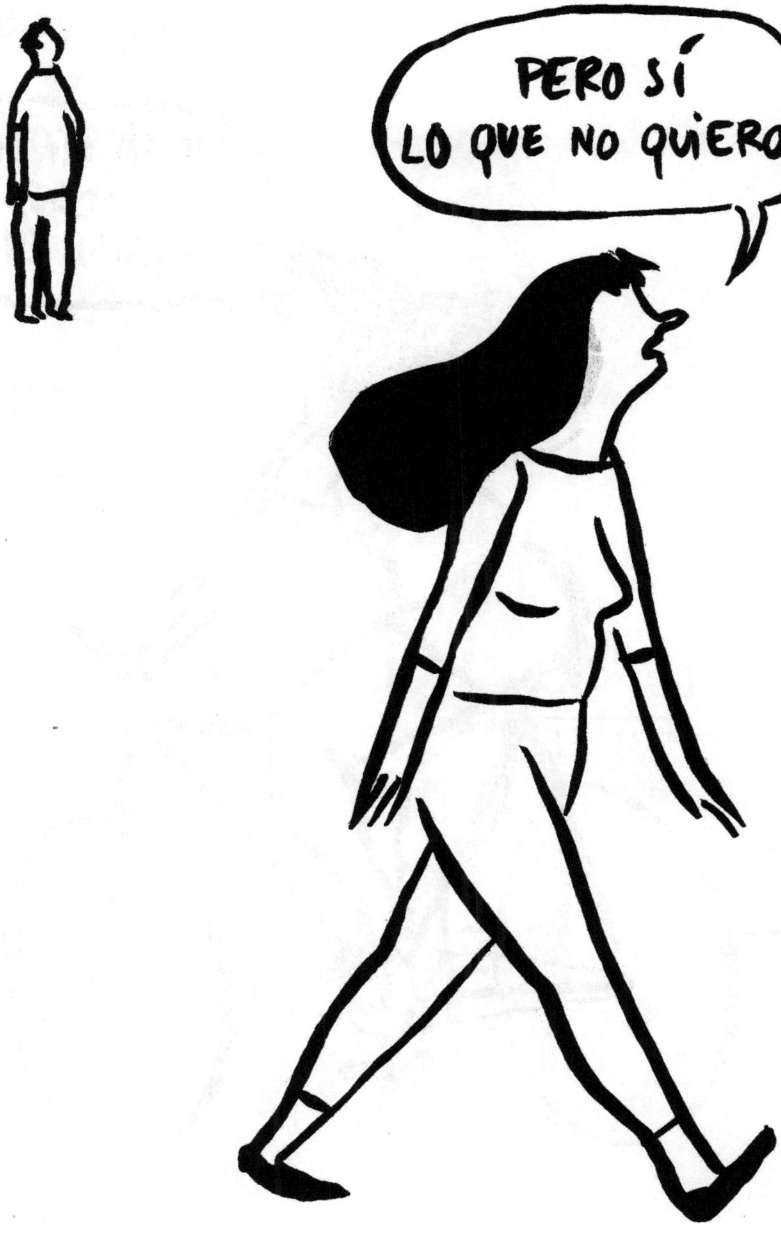
PERO SÍ
LO QUE NO QUIERO

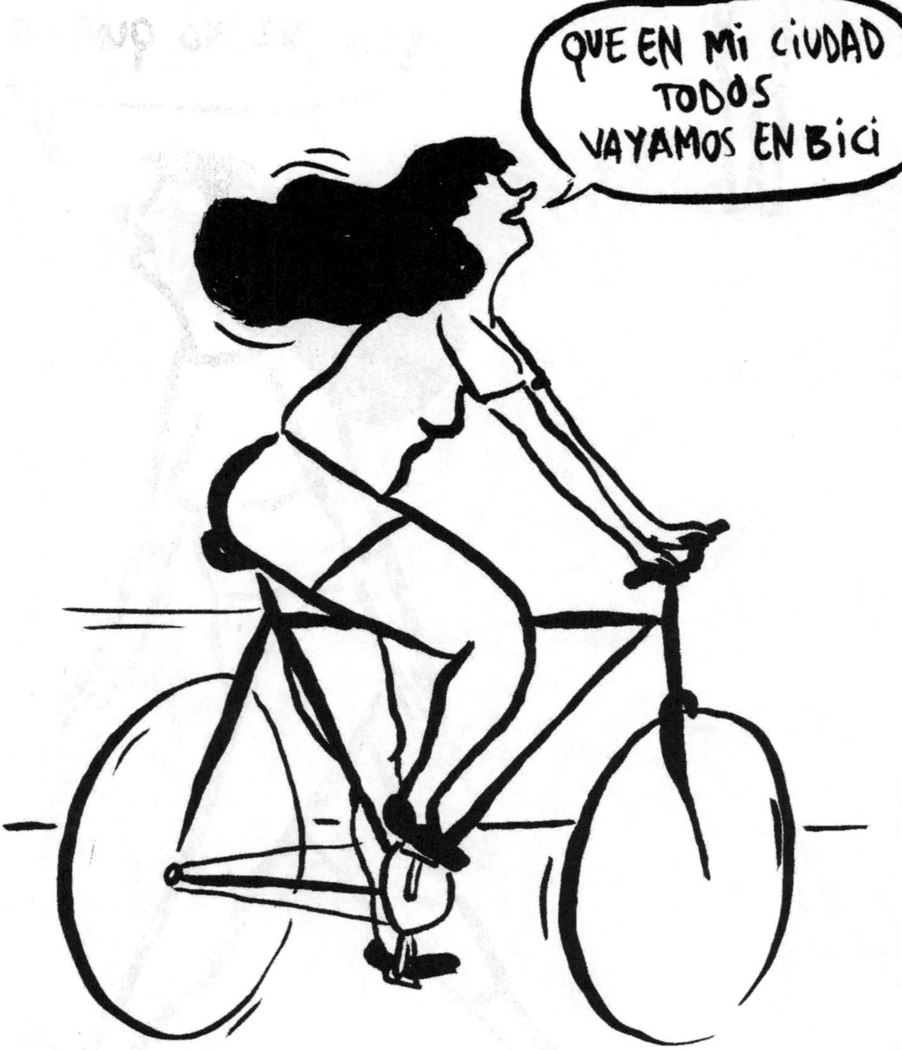
QUE EN MI CIUDAD TODOS VAYAMOS EN BICI

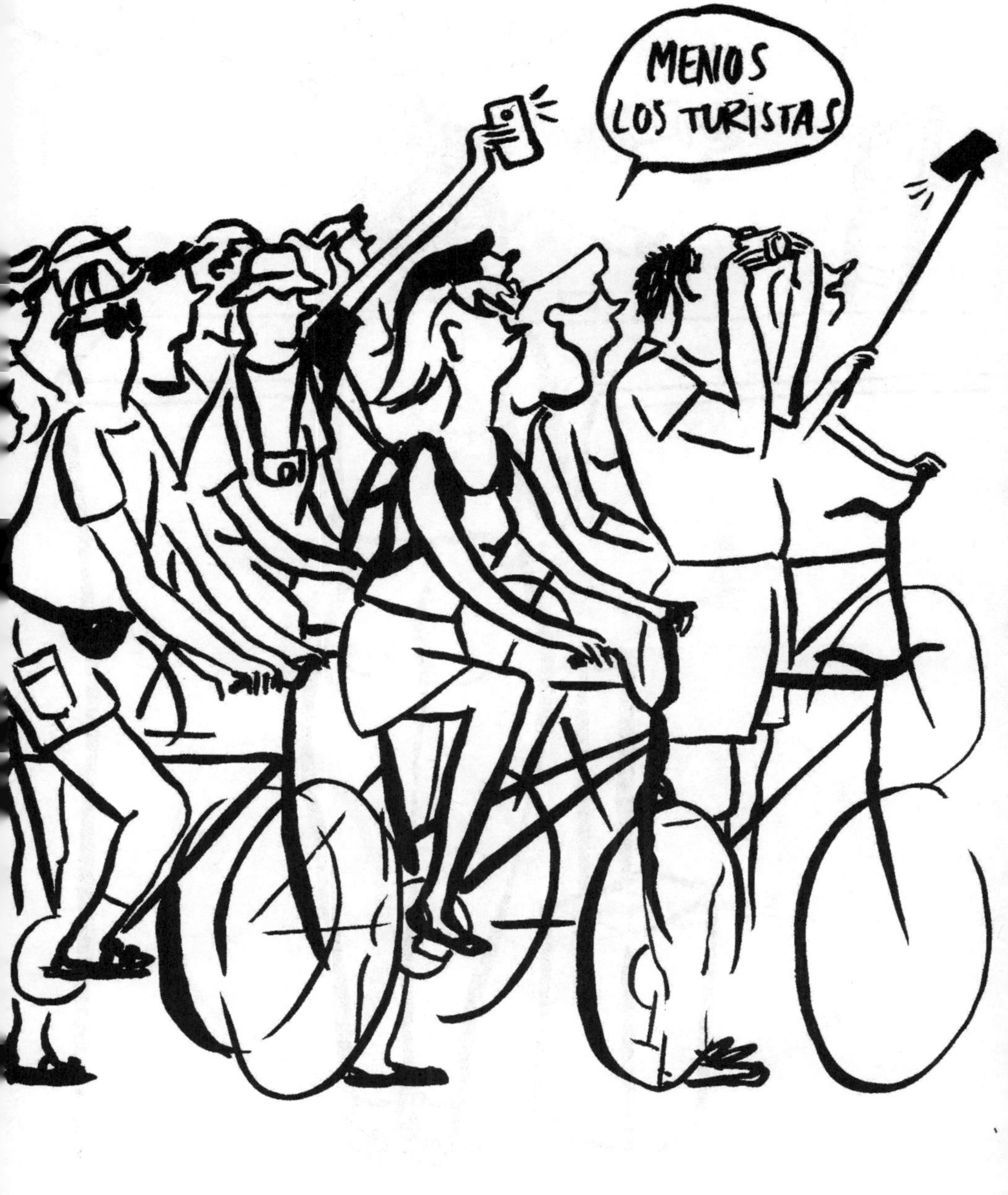
MENIOS LOS TURISTAS

¿SEÑORA O SEÑORITA?
¿Y A USTEDES LOS HOMBRES NO LES AFECTA EL ESTADO CIVIL PARA COMPRAR PASAJES?

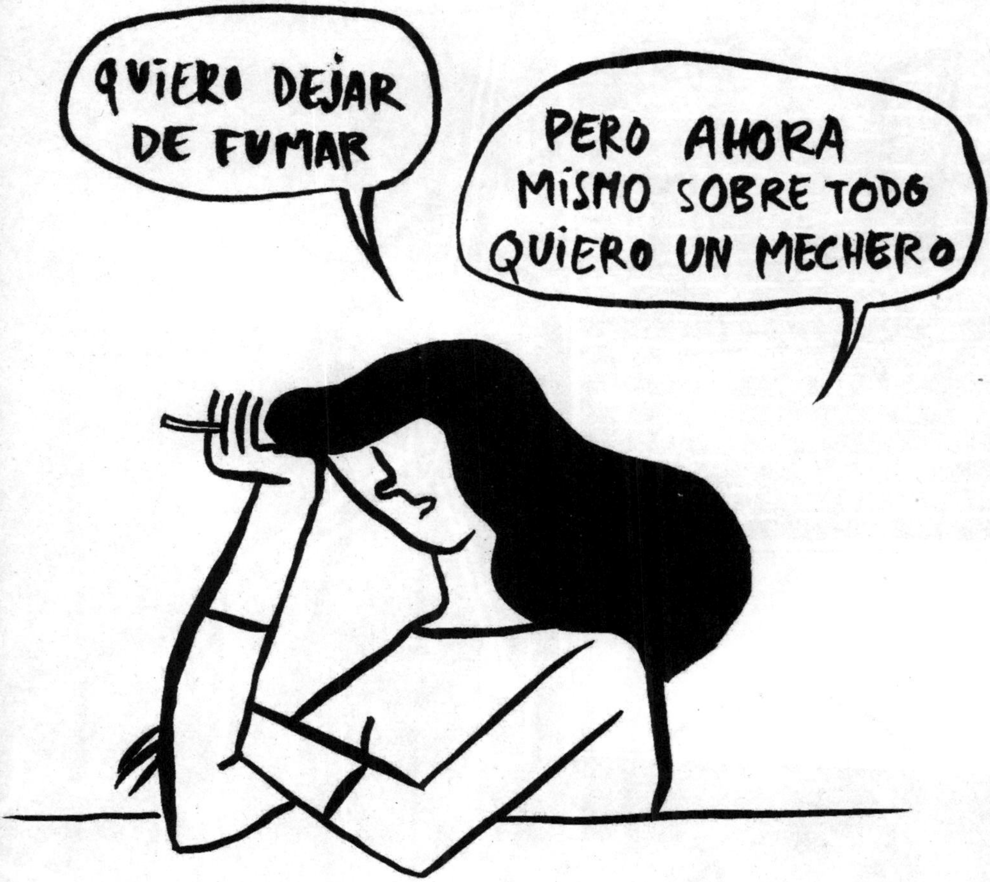
QUIERO DEJAR DE FUMAR
PERO AHORA MISMO SOBRE TODO QUIERO UN MECHERO

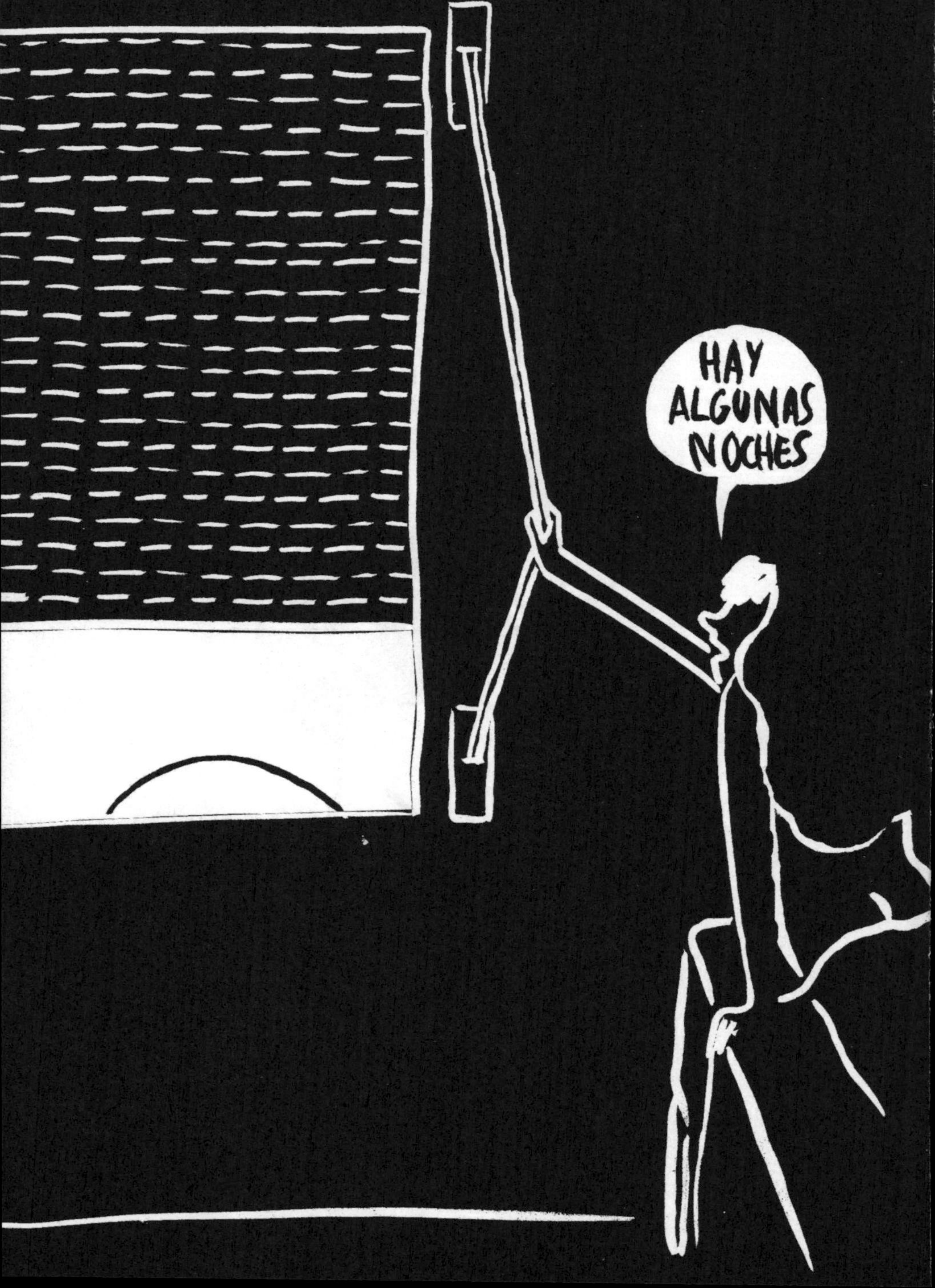
HAY ALGUNAS NOCHES

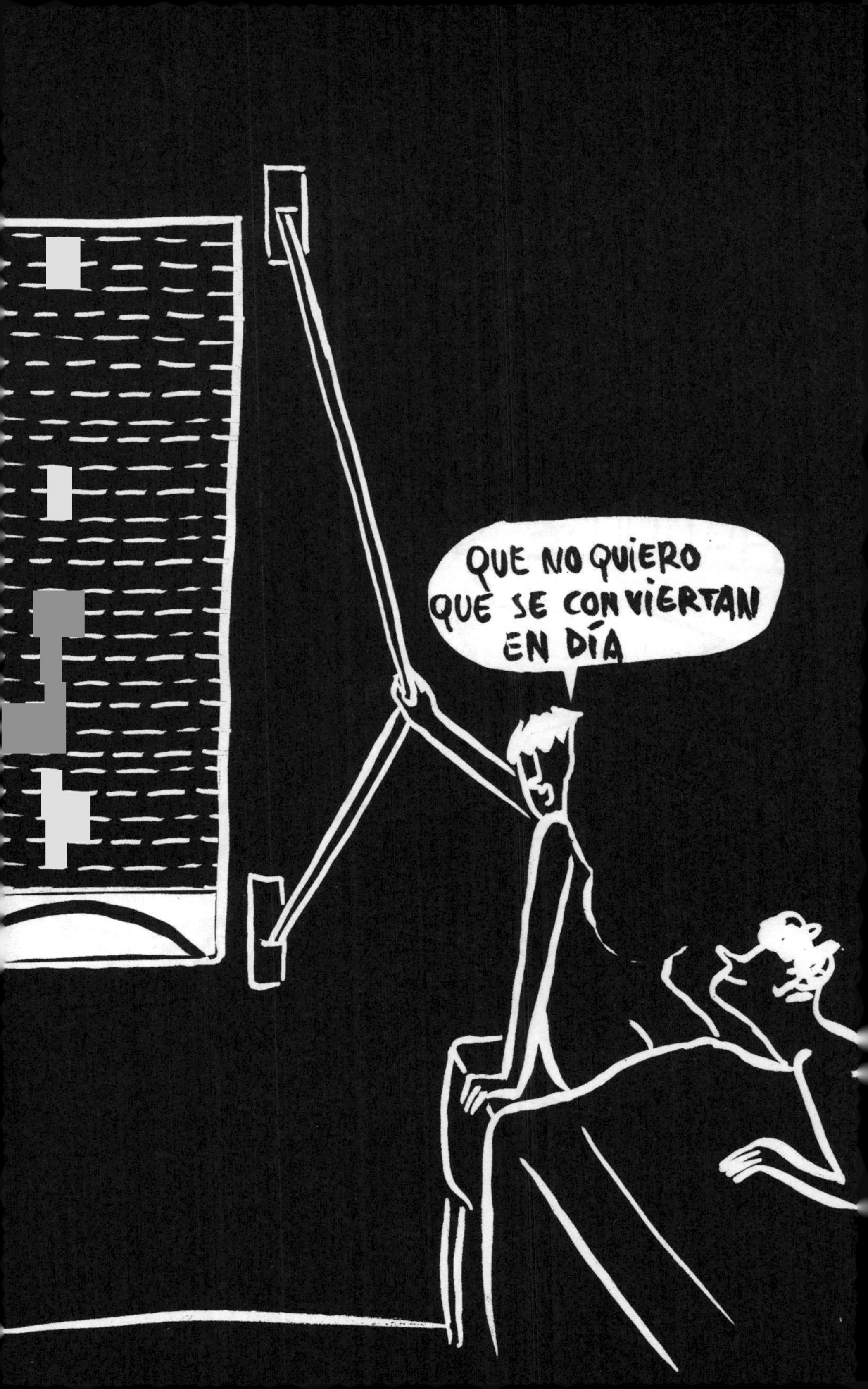
QUE NO QUIERO QUE SE CONVIERTAN EN DÍA

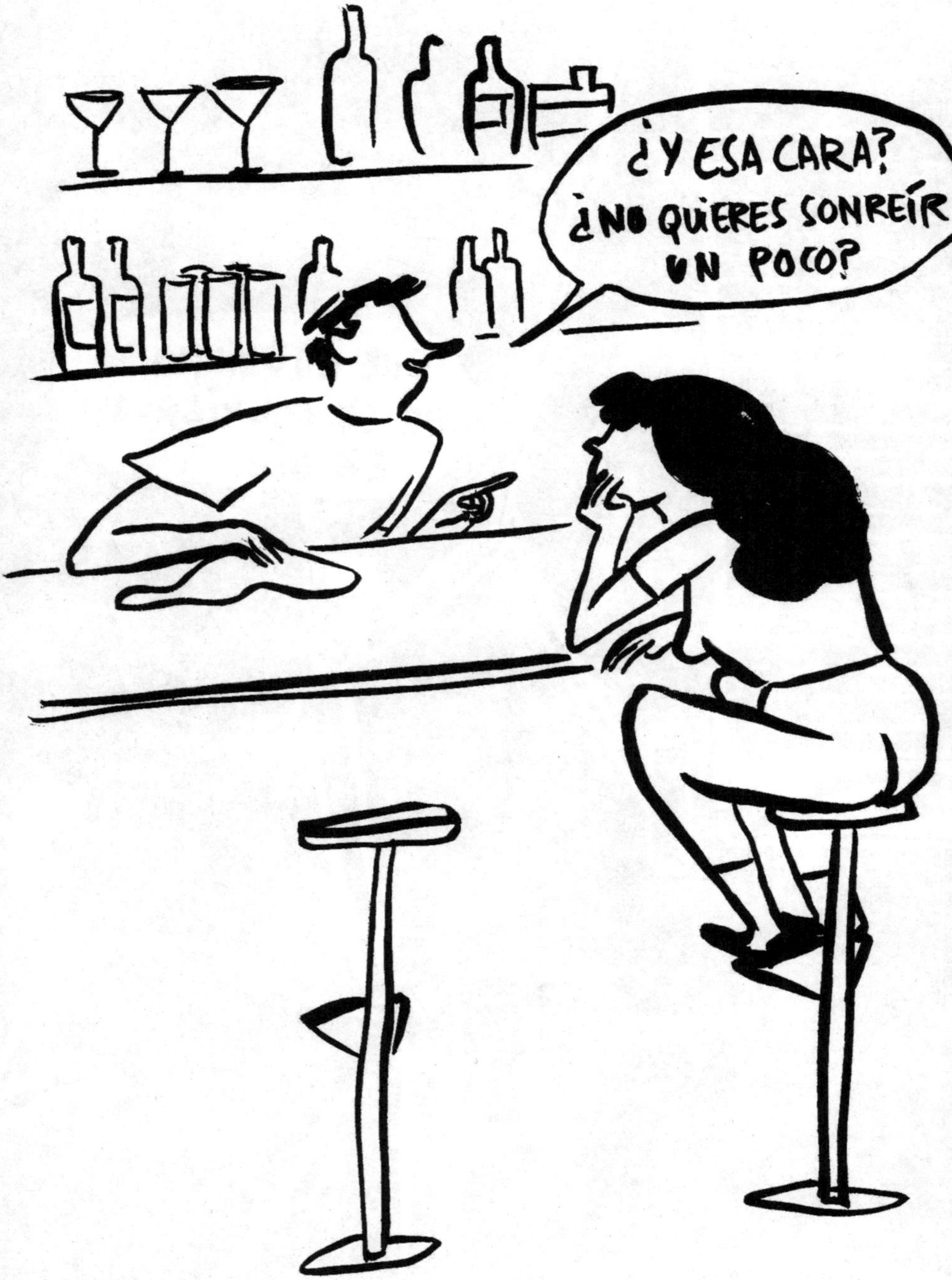
¿Y ESA CARA?
¿NO QUIERES SONREÍR UN POCO?

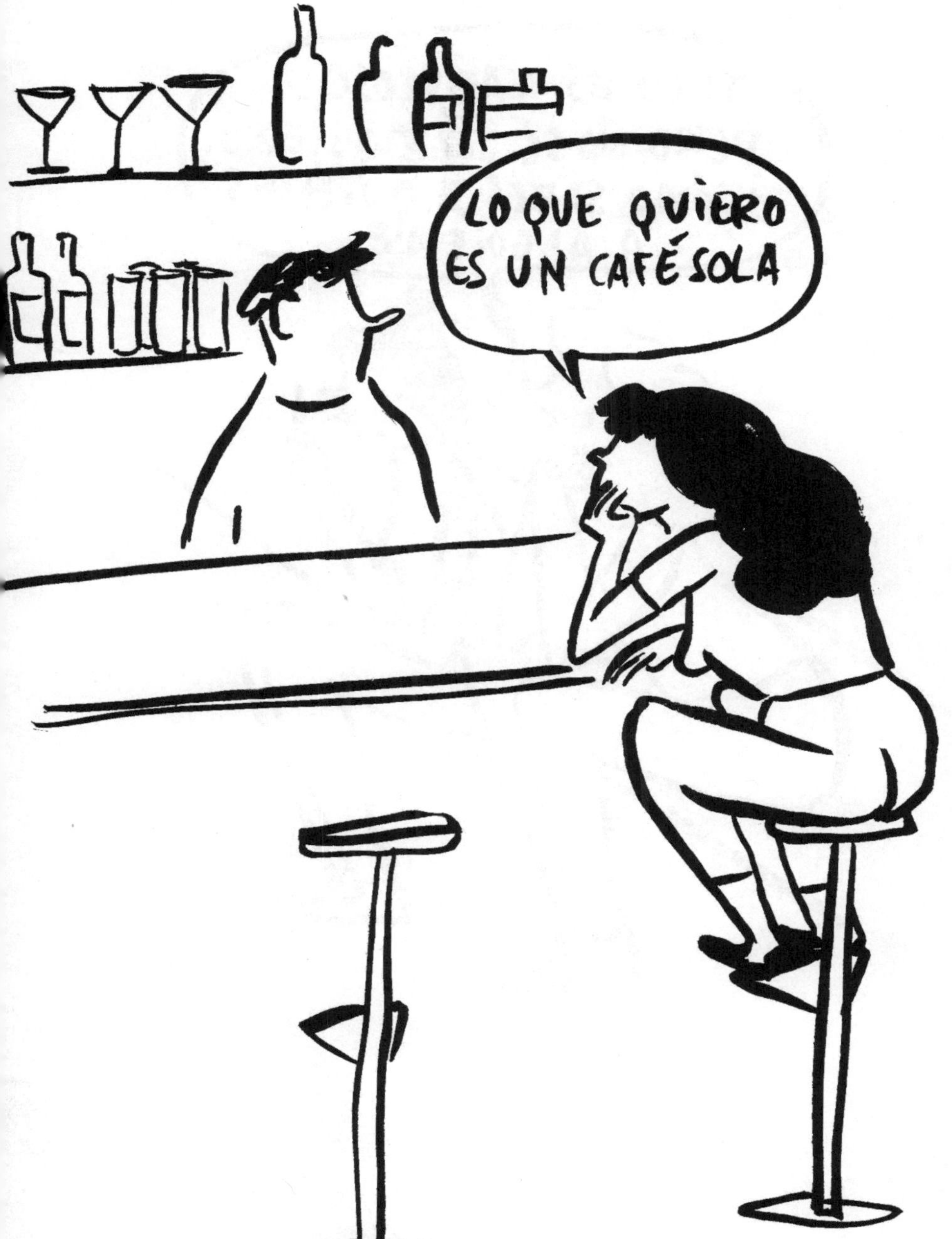
LO QUE QUIERO ES UN CAFÉ SOLA

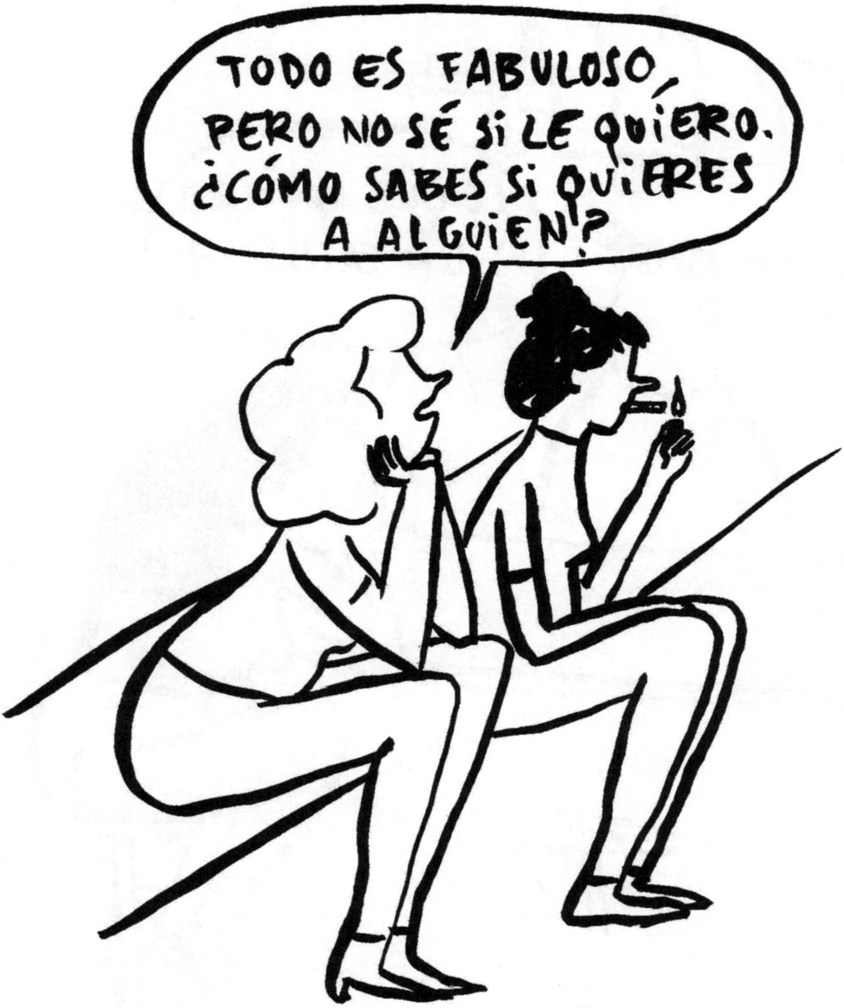
TODO ES FABULOSO, PERO NO SÉ SI LE QUIERO. ¿CÓMO SABES SI QUIERES A ALGUIEN?

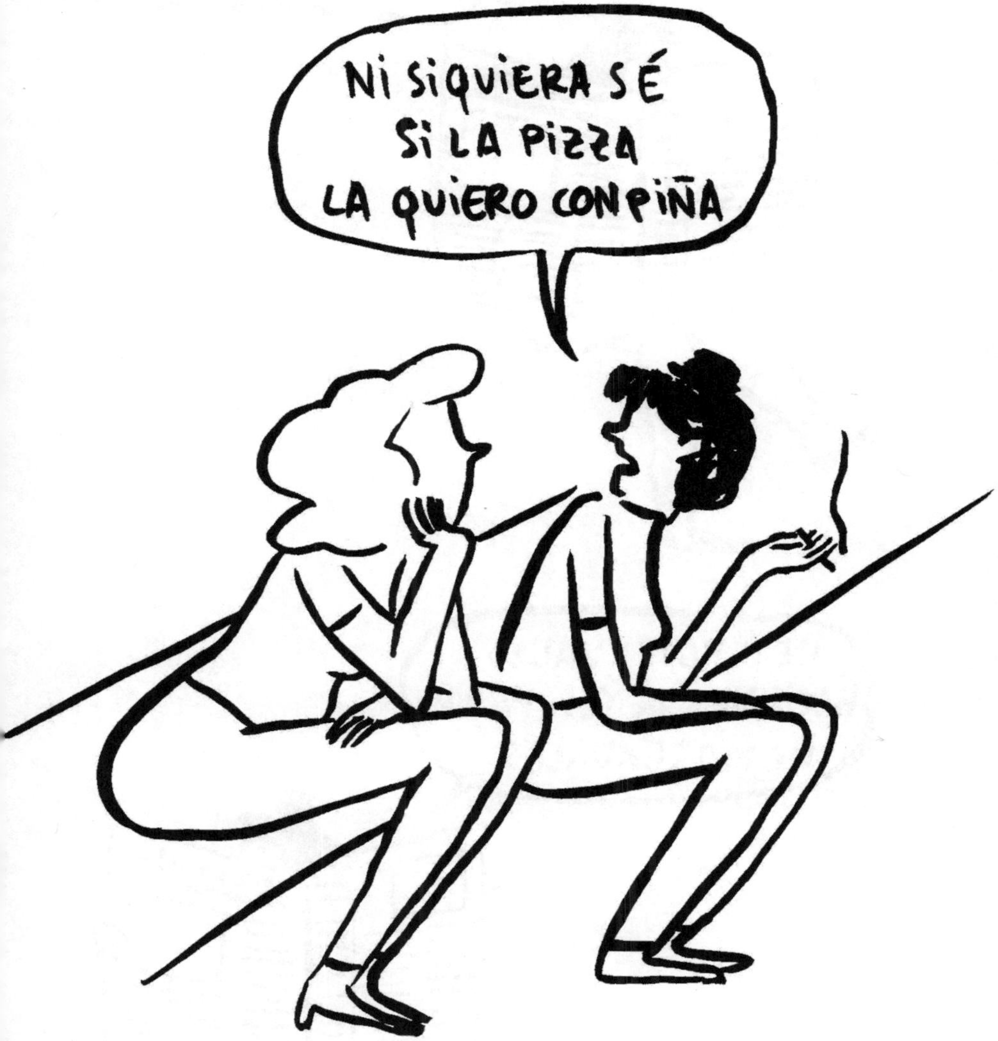
NI SIQUIERA SÉ SI LA PIZZA LA QUIERO CON PIÑA

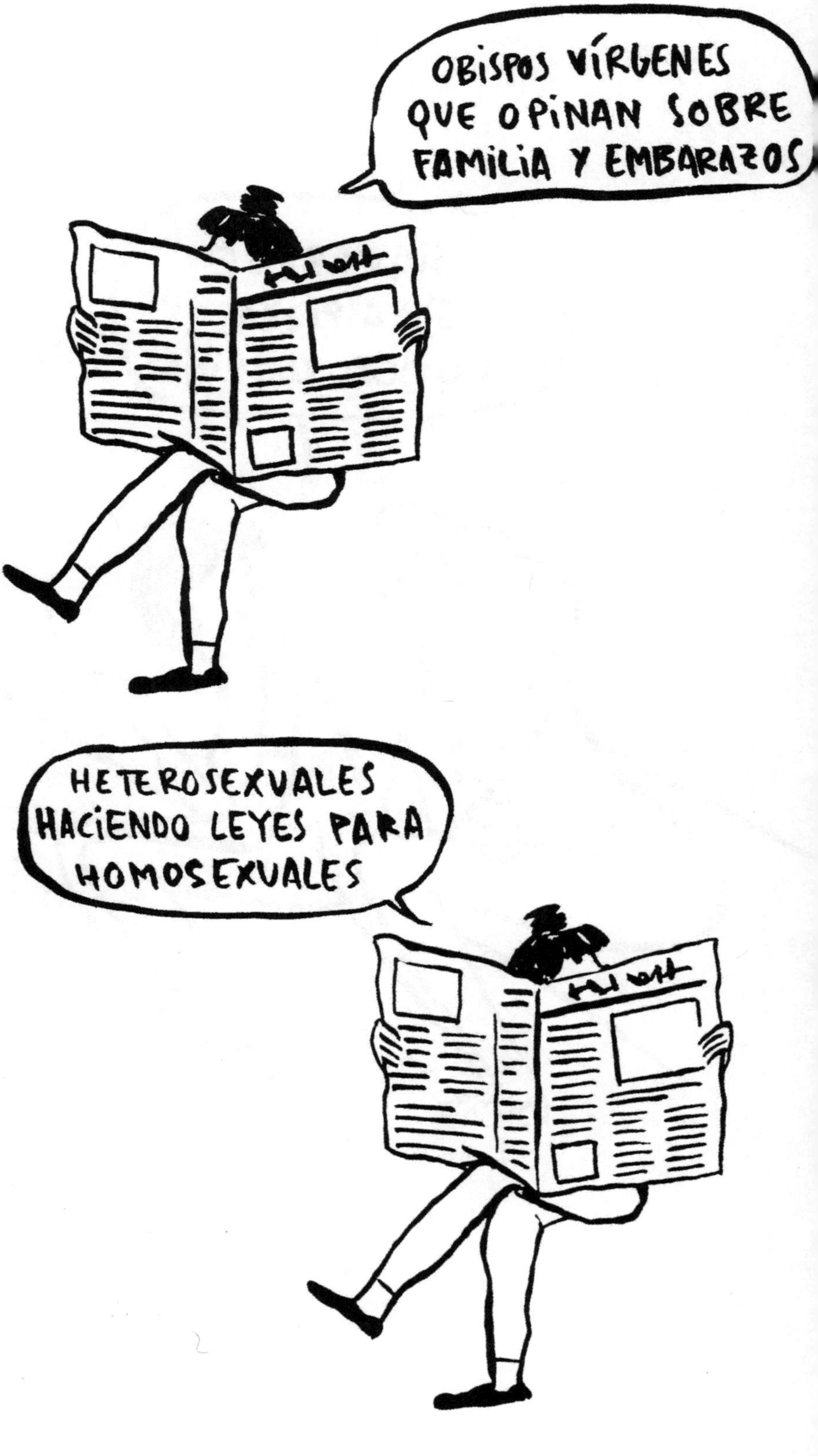
OBISPOS VÍRGENES QUE OPINAN SOBRE FAMILIA Y EMBARAZOS
HETEROSEXUALES HACIENDO LEYES PARA HOMOSEXUALES

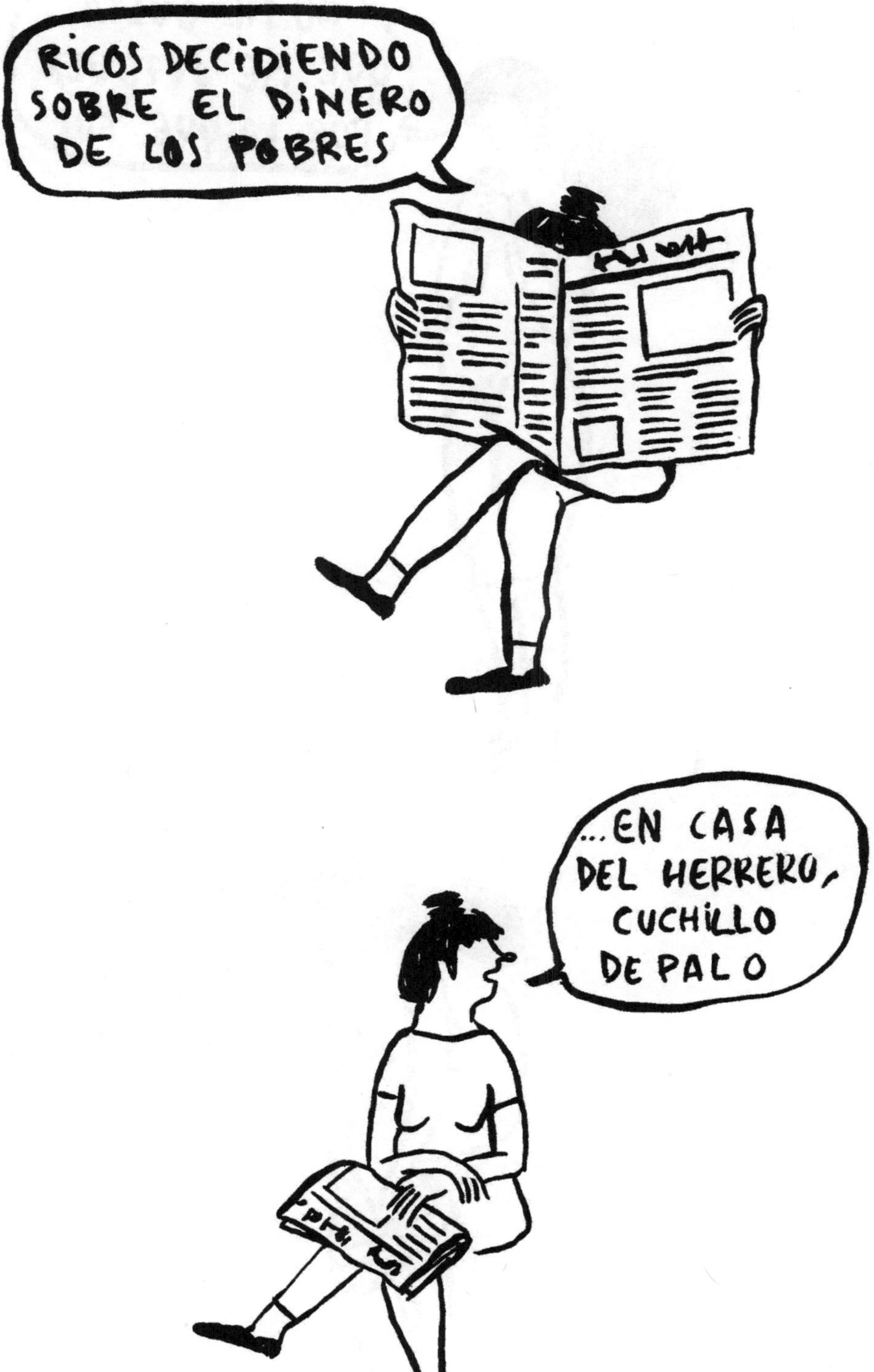
RICOS DECIDIENDO SOBRE EL DINERO DE LOS POBRES
...EN CASA DEL HERRERO, CUCHILLO DE PALO

NO ME GUSTA QUE ME JUZGUEN POR LO QUE FUI

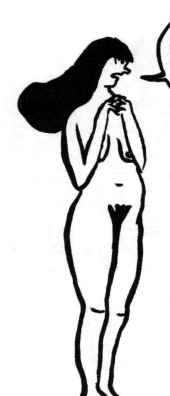

1

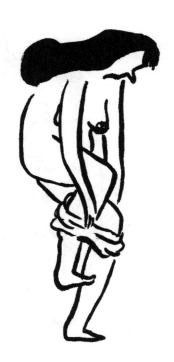

3

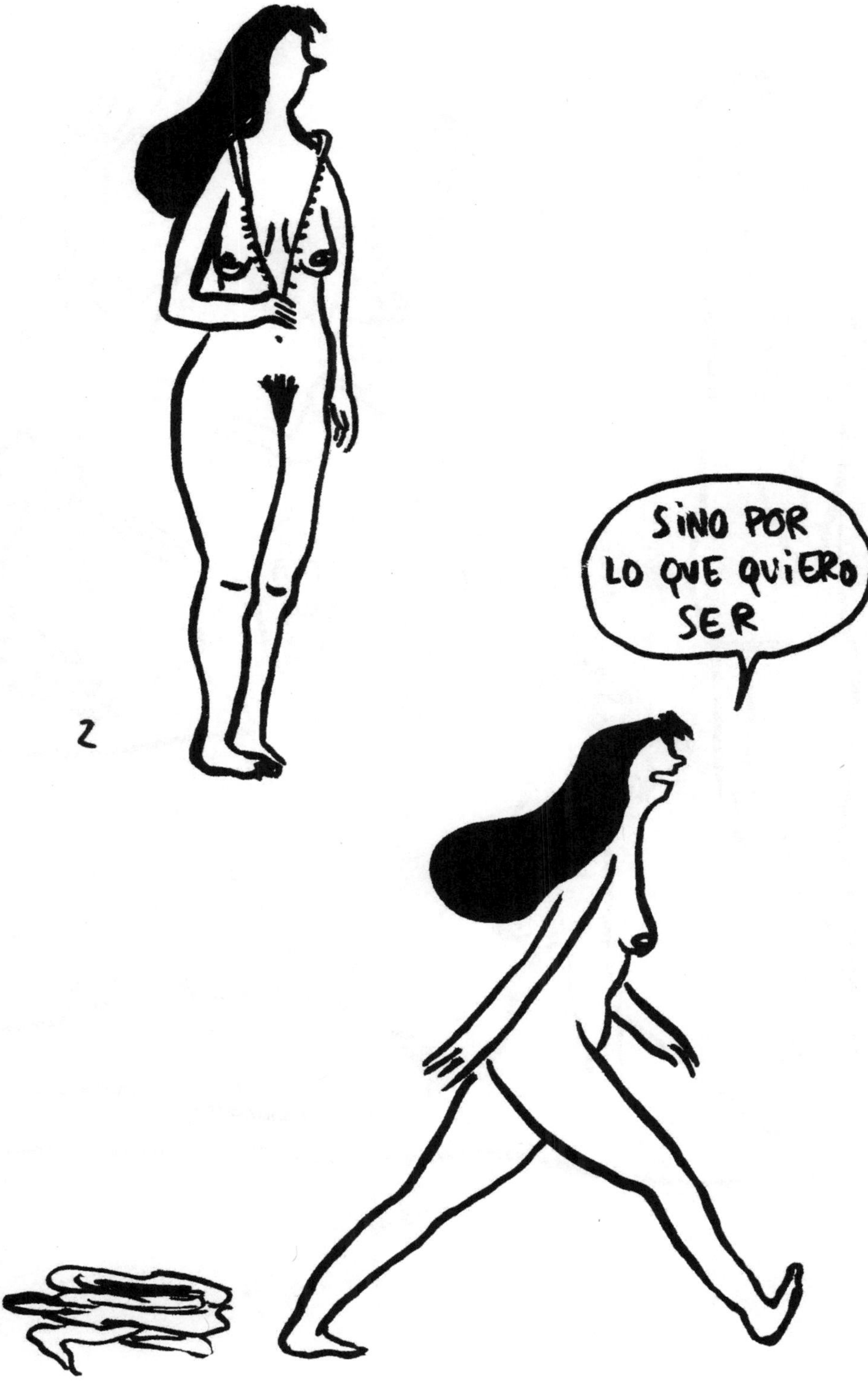
SINO POR LO QUE QUIERO SER
2
4

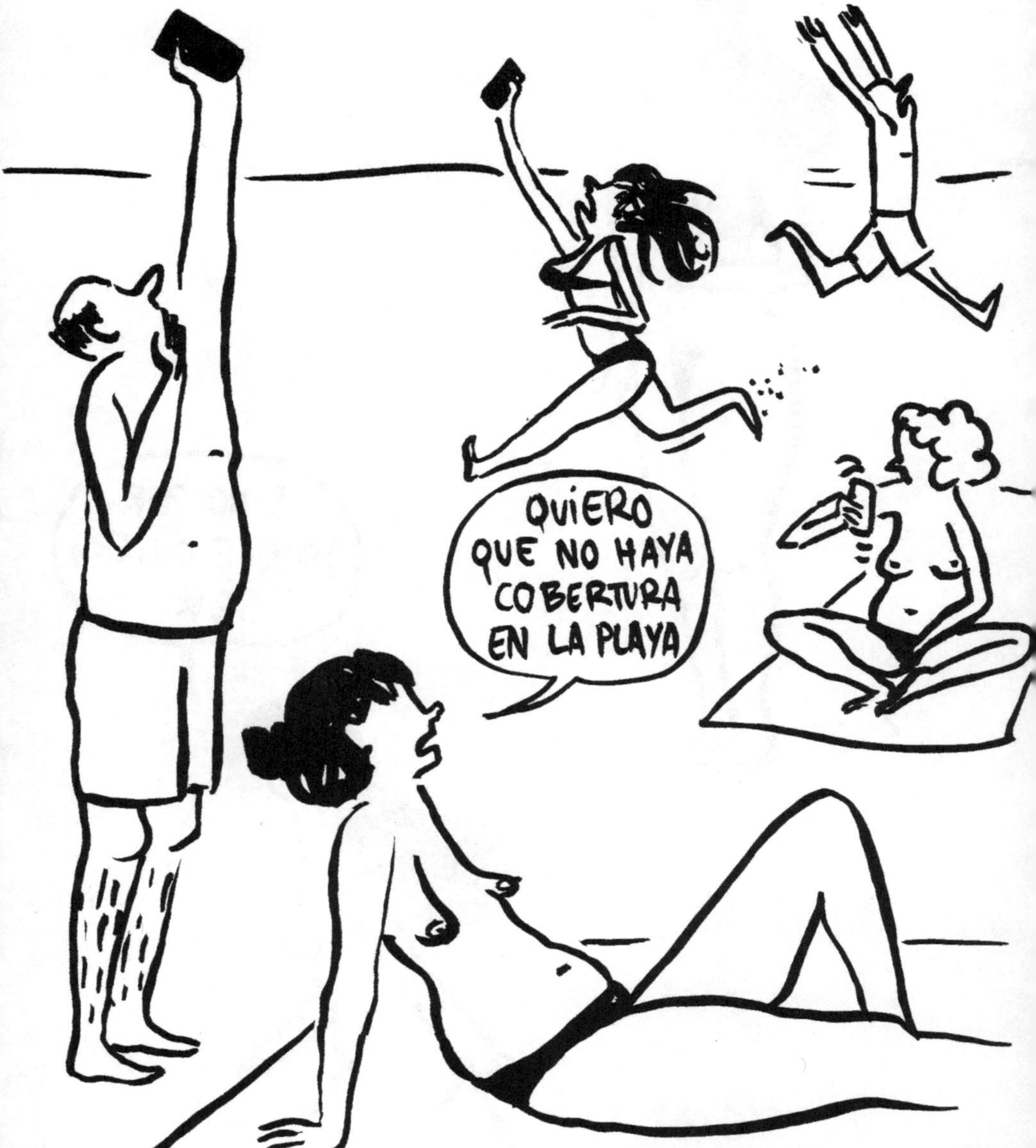
QUIERO QUE NO HAYA COBERTURA EN LA PLAYA

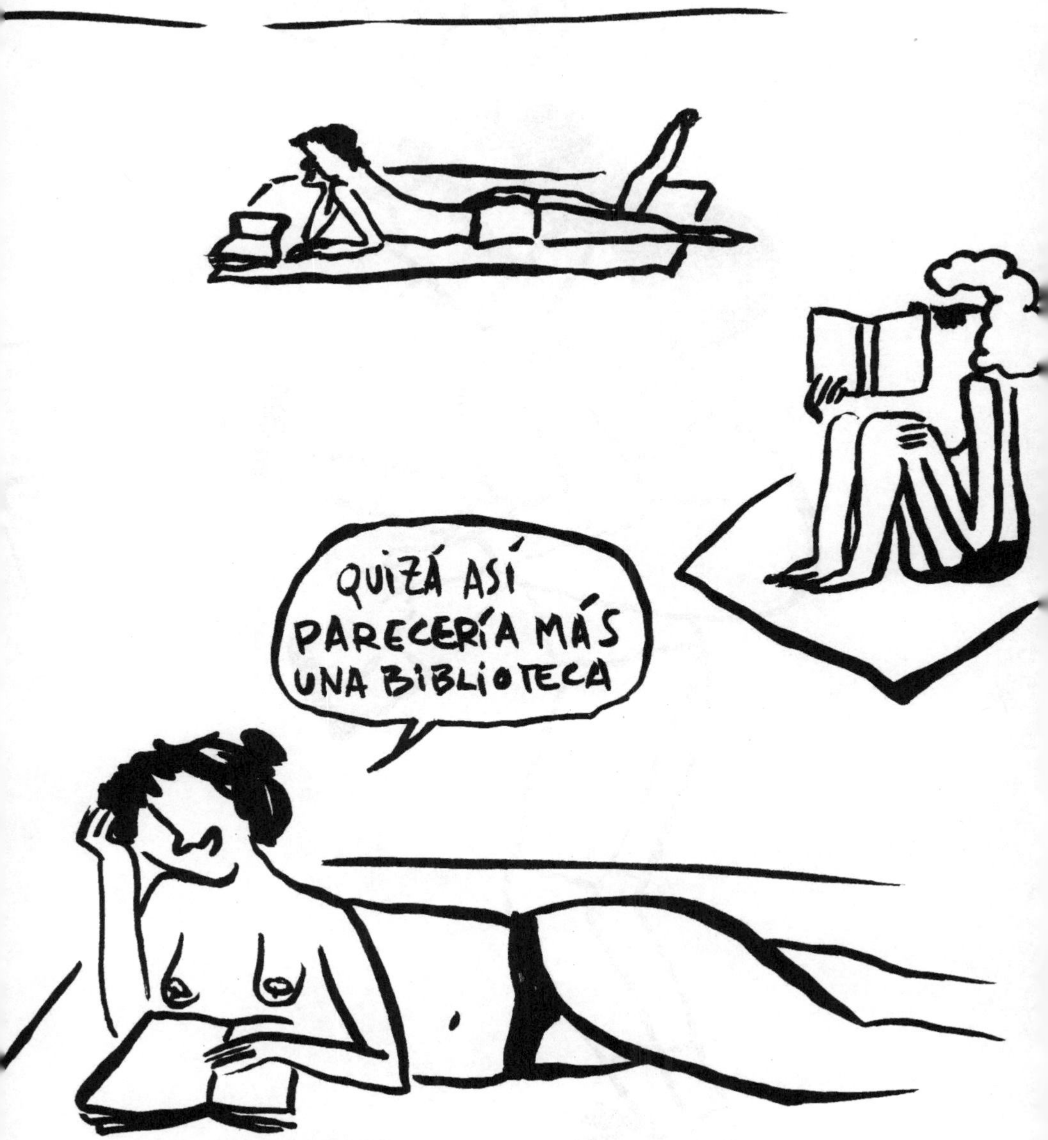
QUIZÁ ASÍ PARECERÍA MÁS UNA BIBLIOTECA

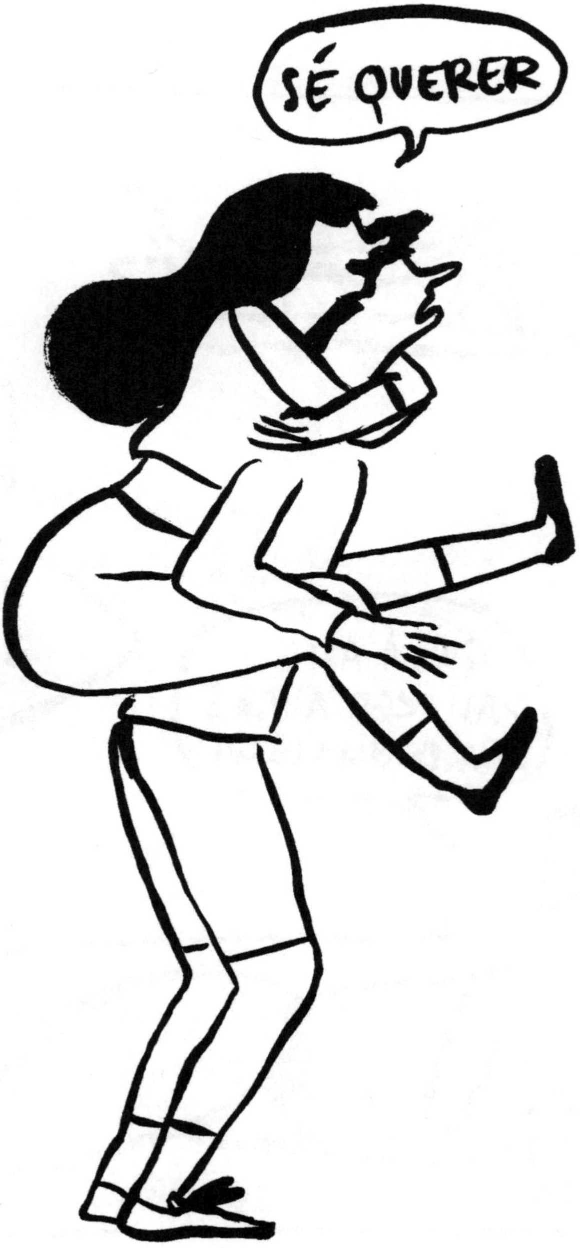
SÉ QUERER

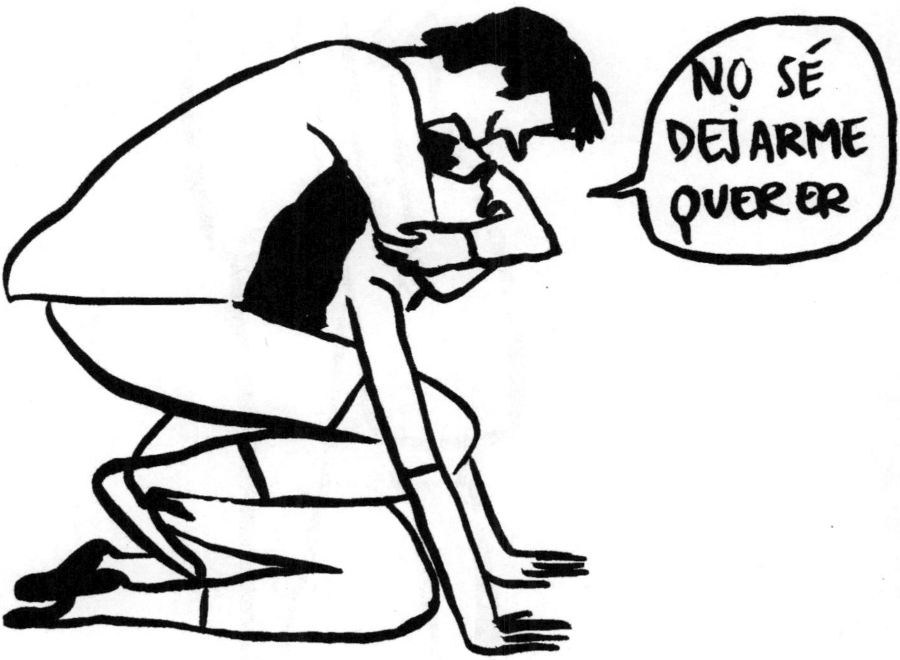
NO SÉ DEJARME QUERER

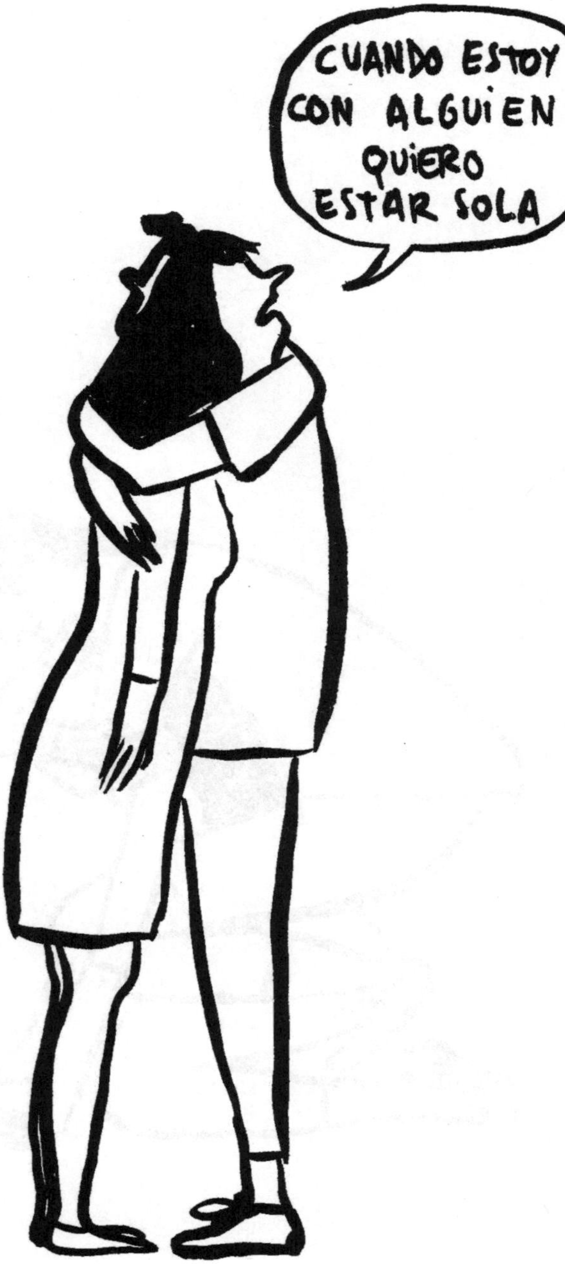
CUANDO ESTOY CON ALGUIEN QUIERO ESTAR SOLA

Y VICEVERSA

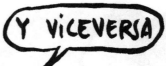

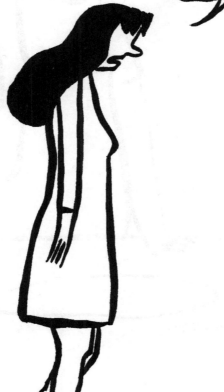

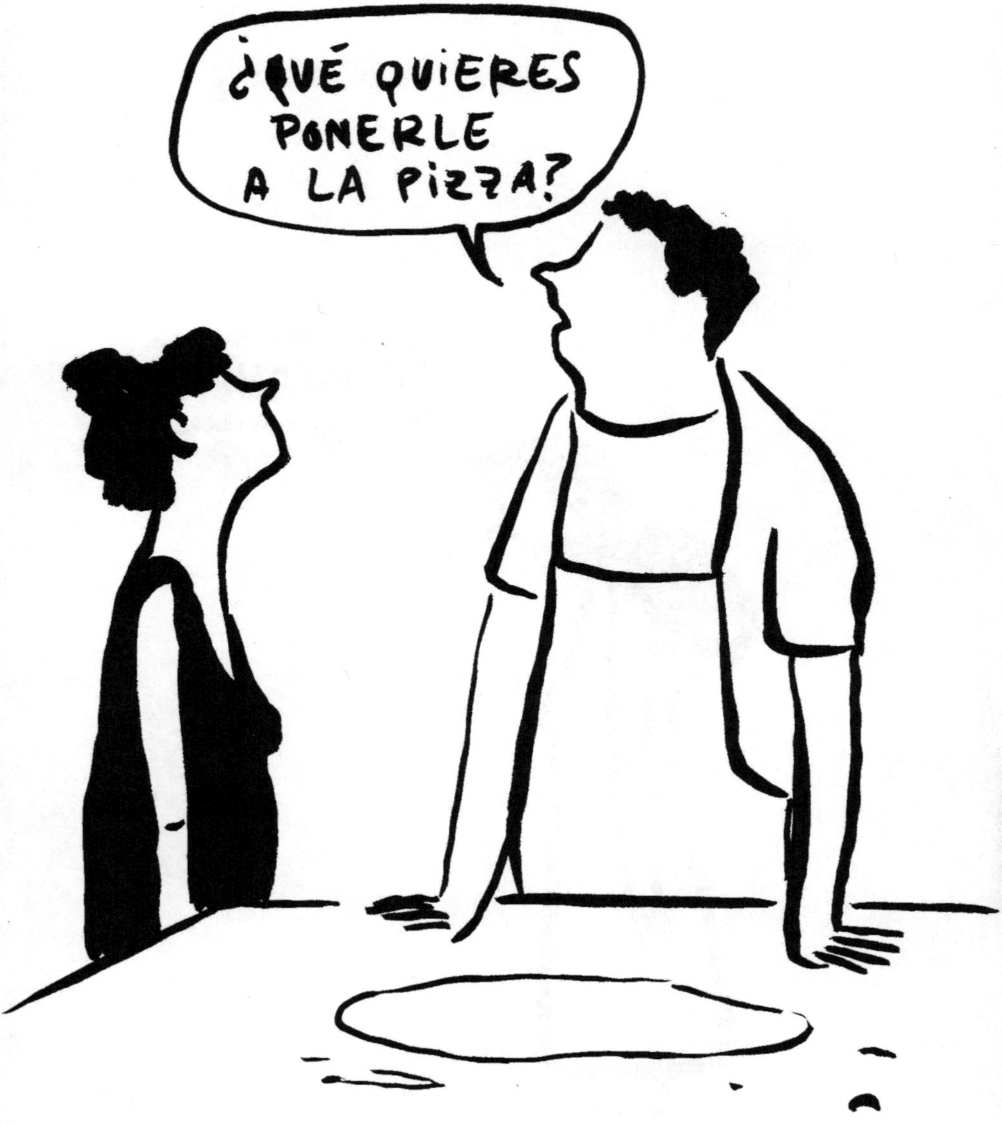
¿QUÉ QUIERES PONERLE A LA PIZZA?

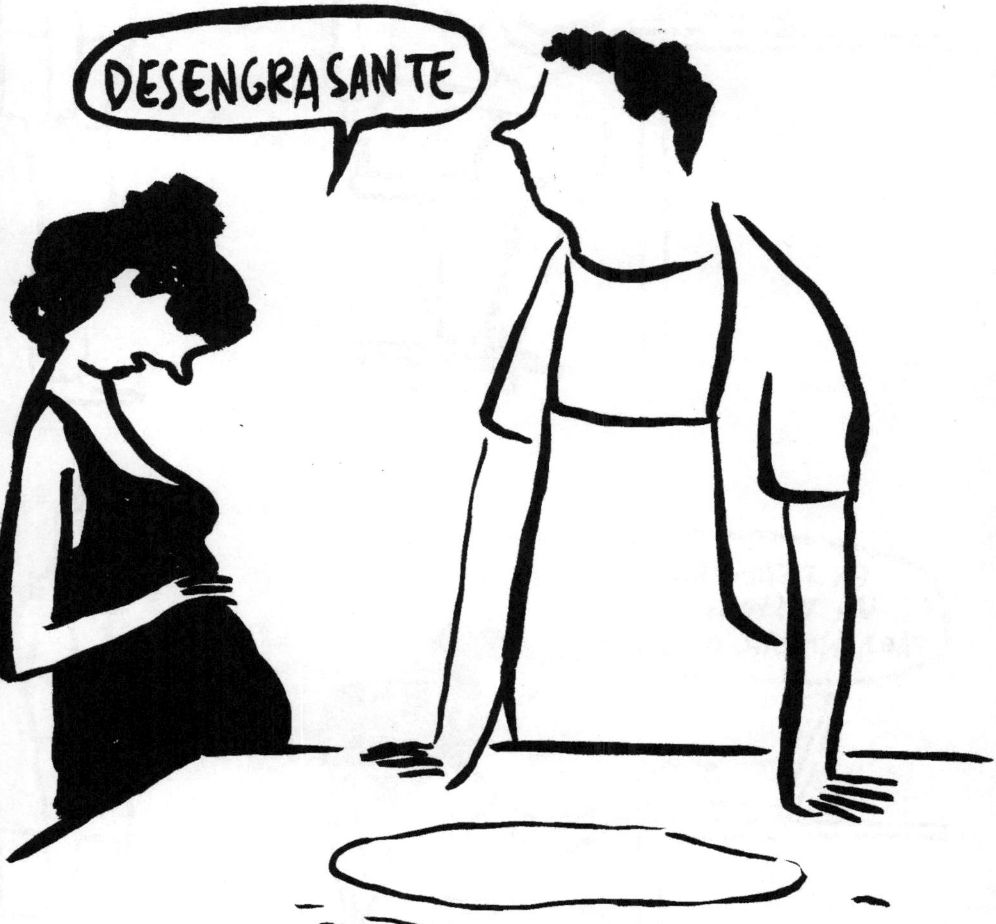
DESENGRASANTE

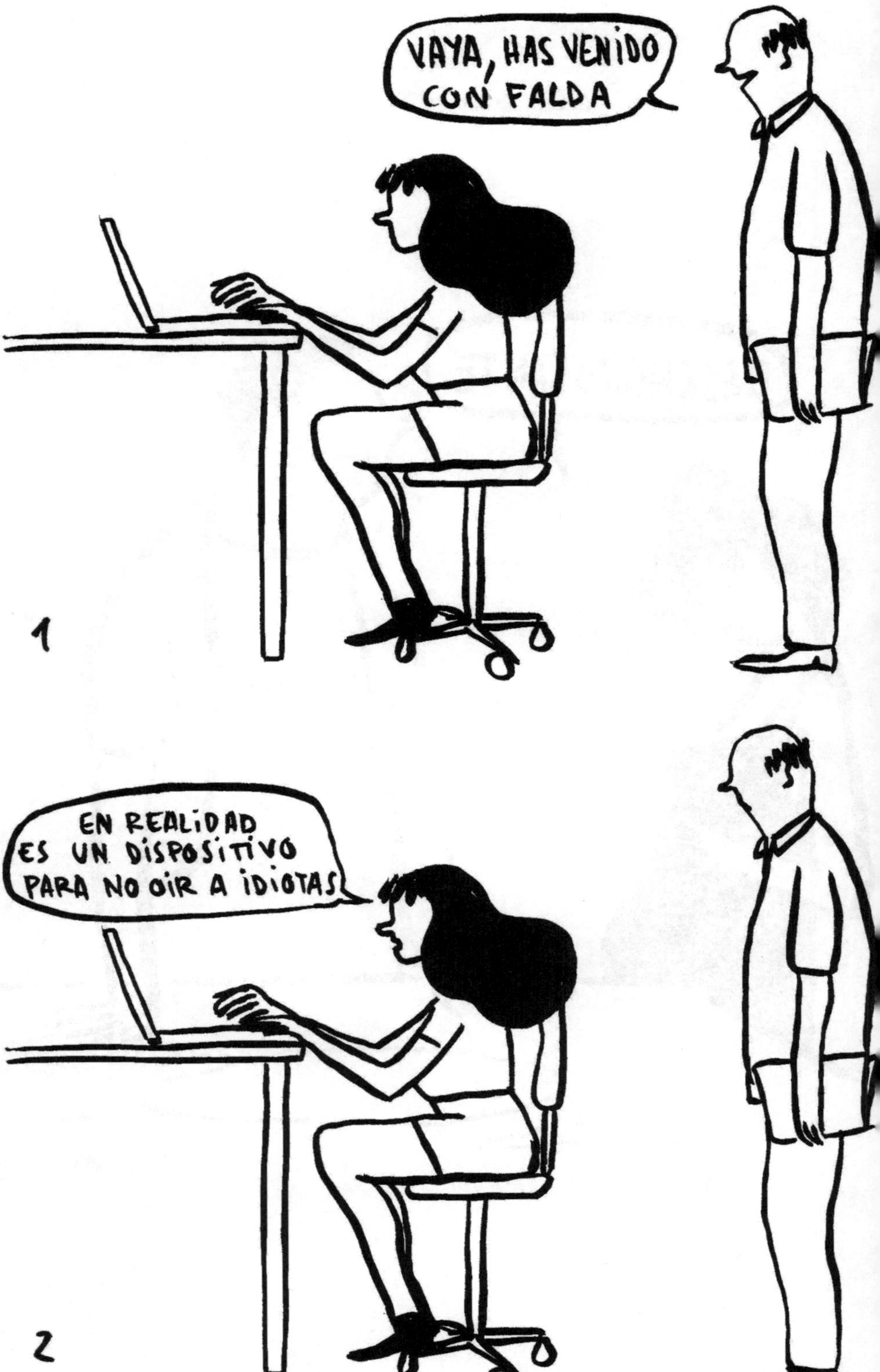
VAYA, HAS VENIDO CON FALDA
1
EN REALIDAD ES UN DISPOSITIVO PARA NO OIR A IDIOTAS
2

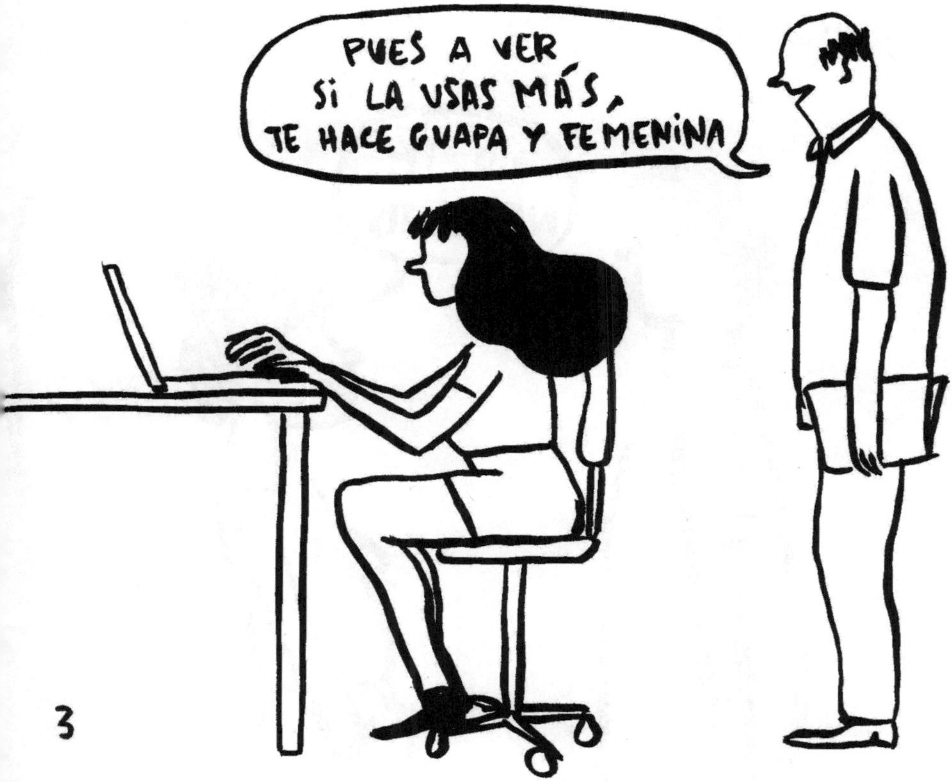
PUES A VER SI LA USAS MÁS, TE HACE GUAPA Y FEMENINA

3

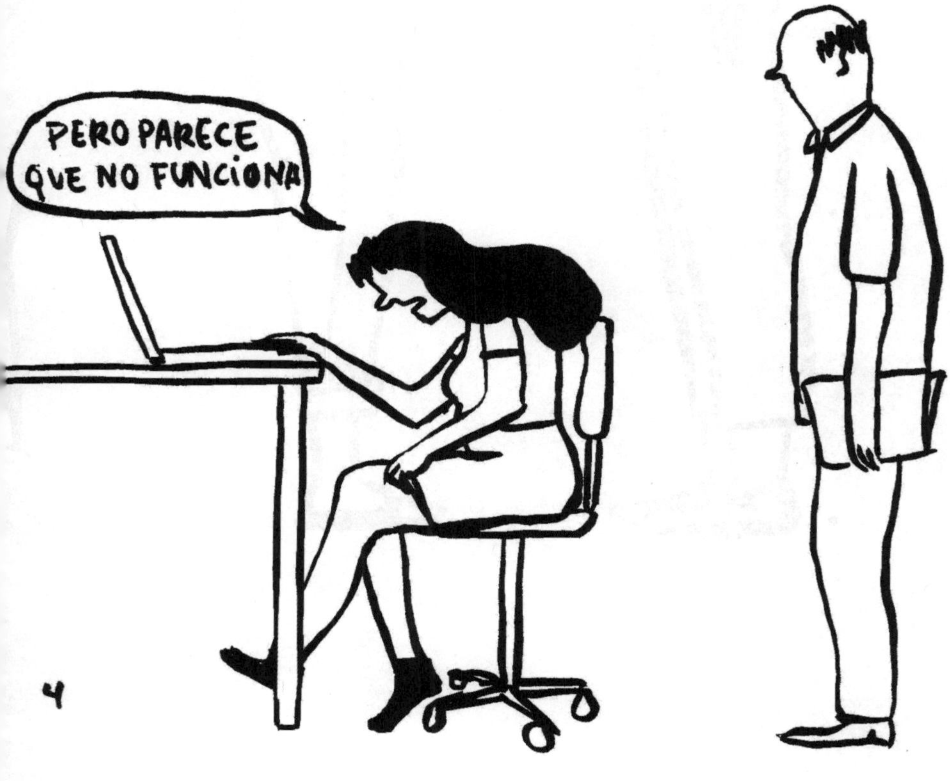
PERO PARECE QUE NO FUNCIONA

4

NO TE NECESITO

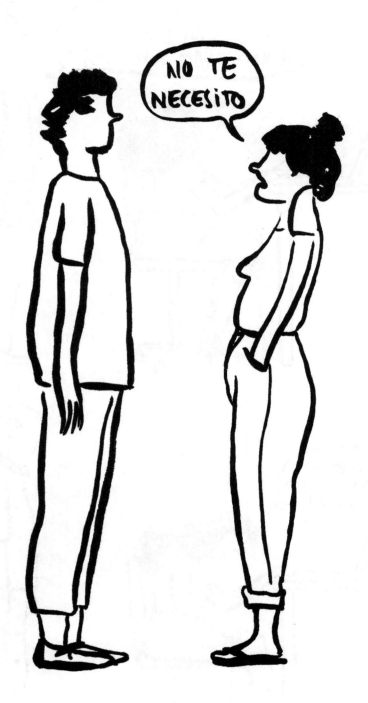

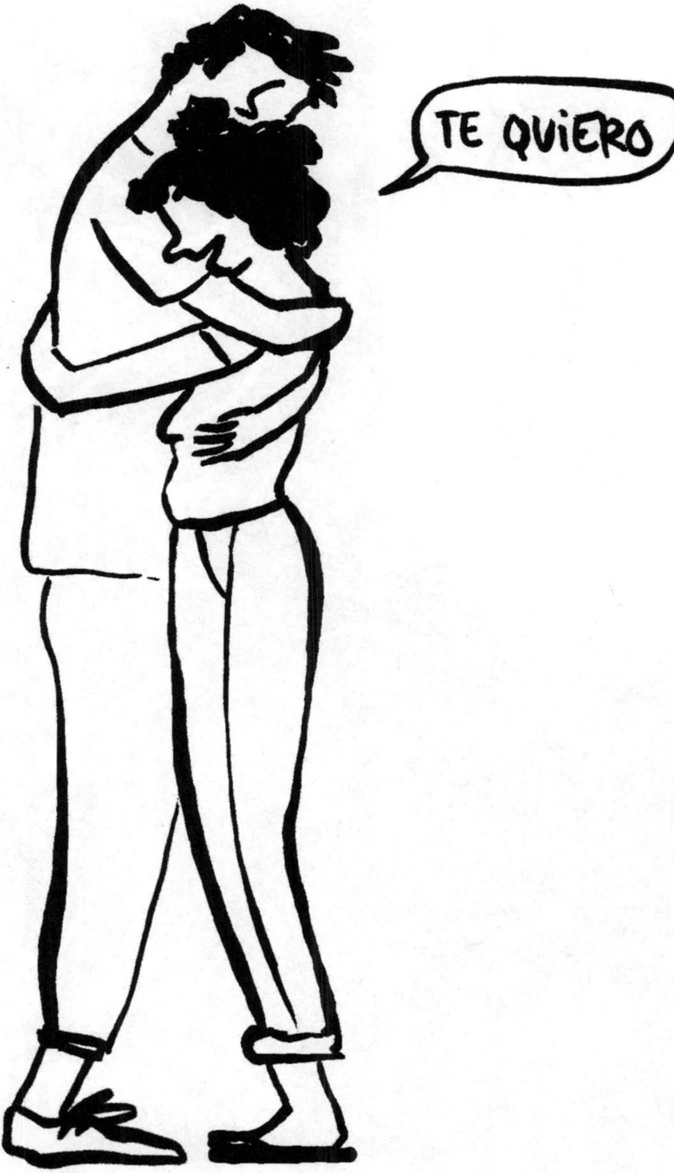
TE QUIERO

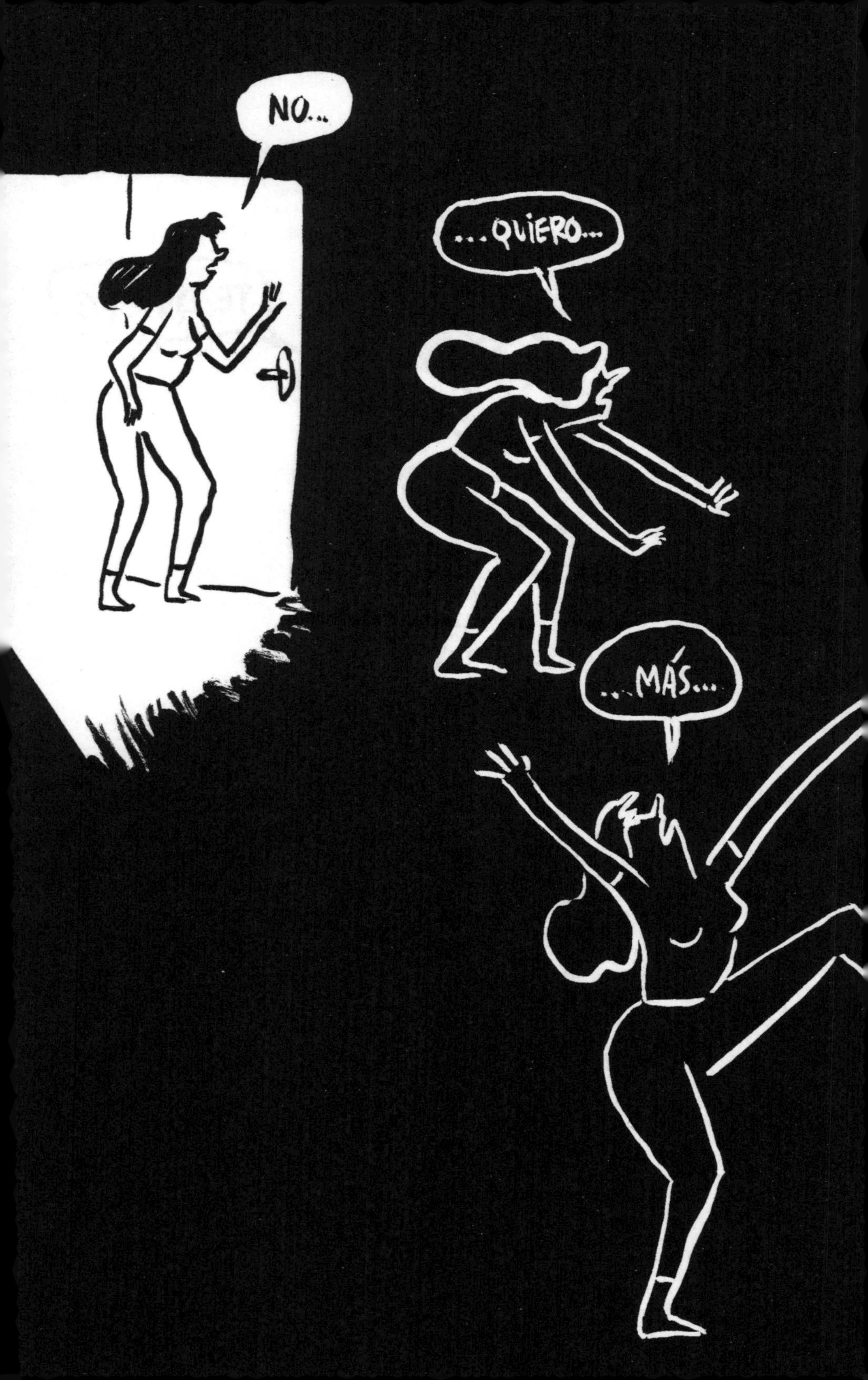
NO...
...QUIERO...
...MÁS...

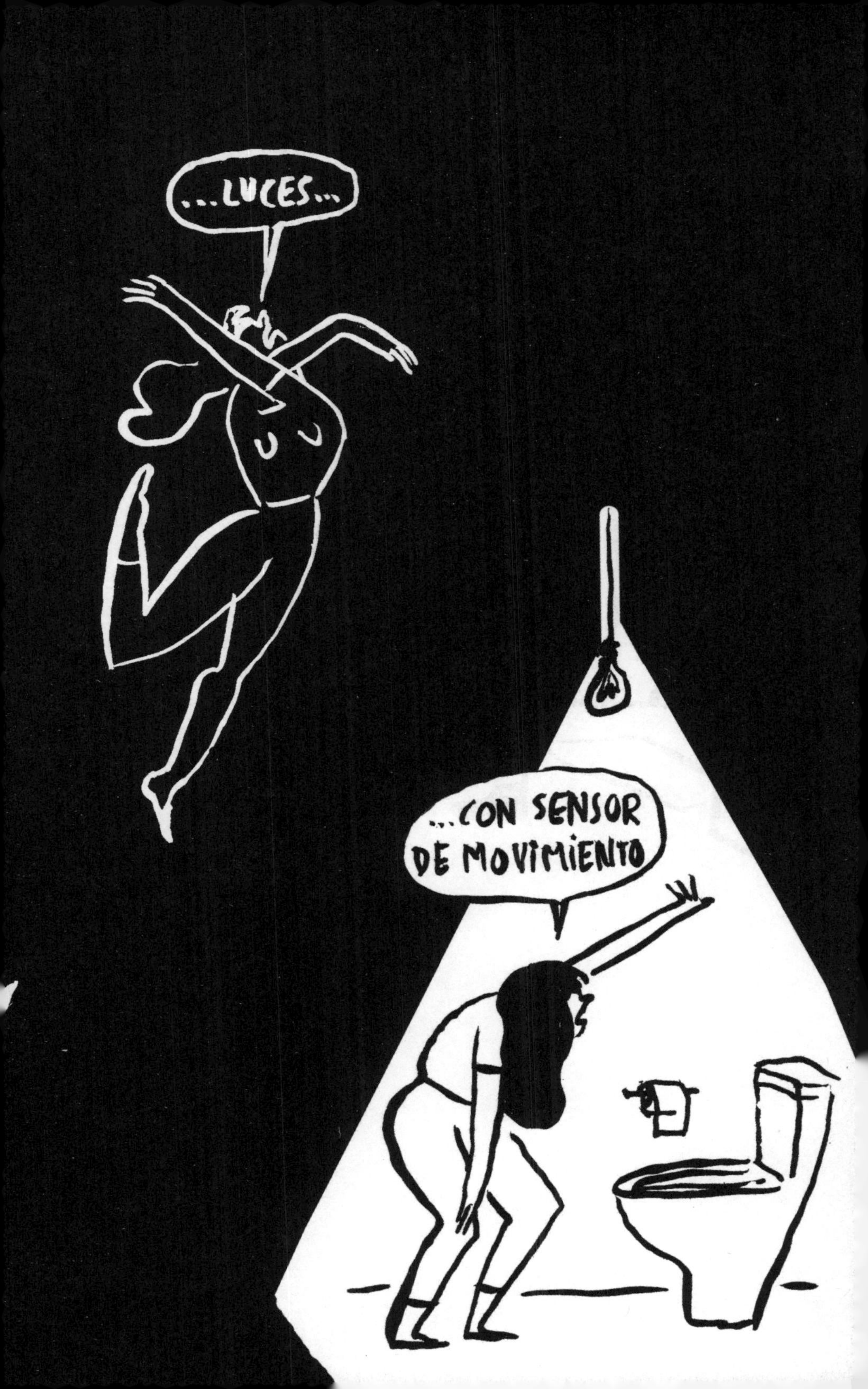
...LUCES...
...CON SENSOR DE MOVIMIENTO

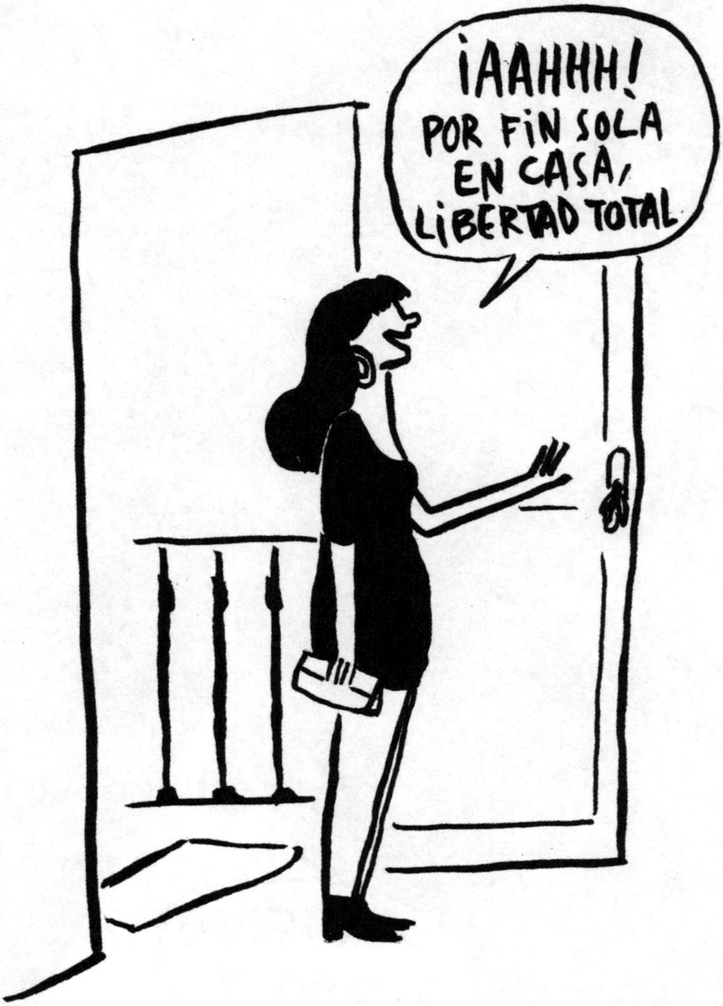
¡AAHHH!
POR FIN SOLA
EN CASA,
LIBERTAD TOTAL

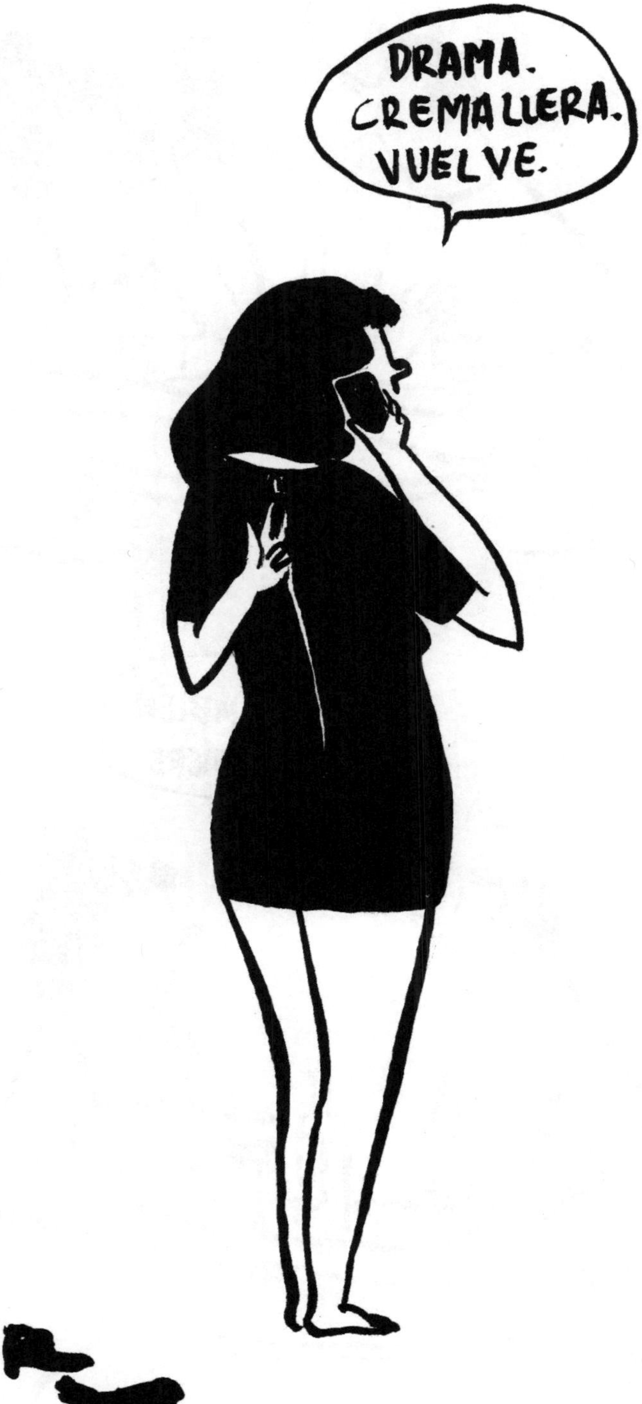
DRAMA. CREMALLERA. VUELVE.

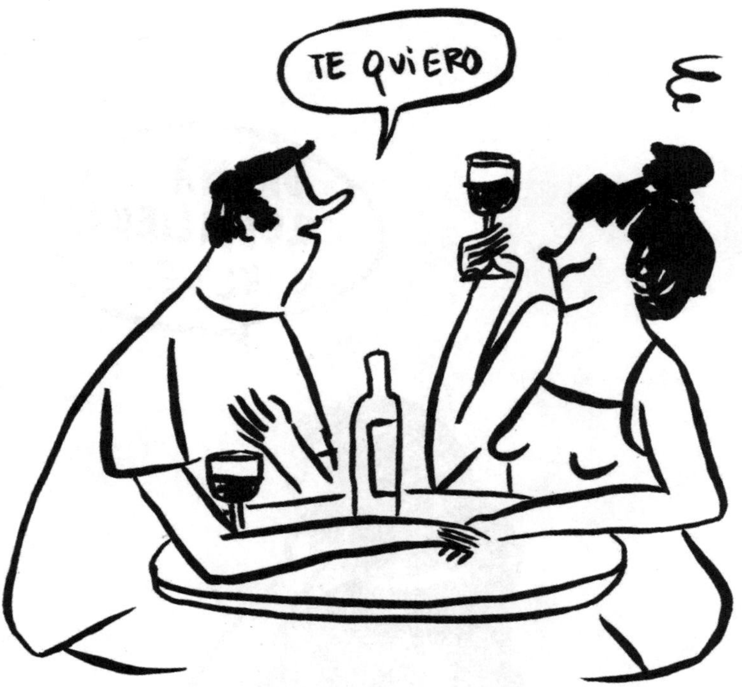
TE QUIERO

1

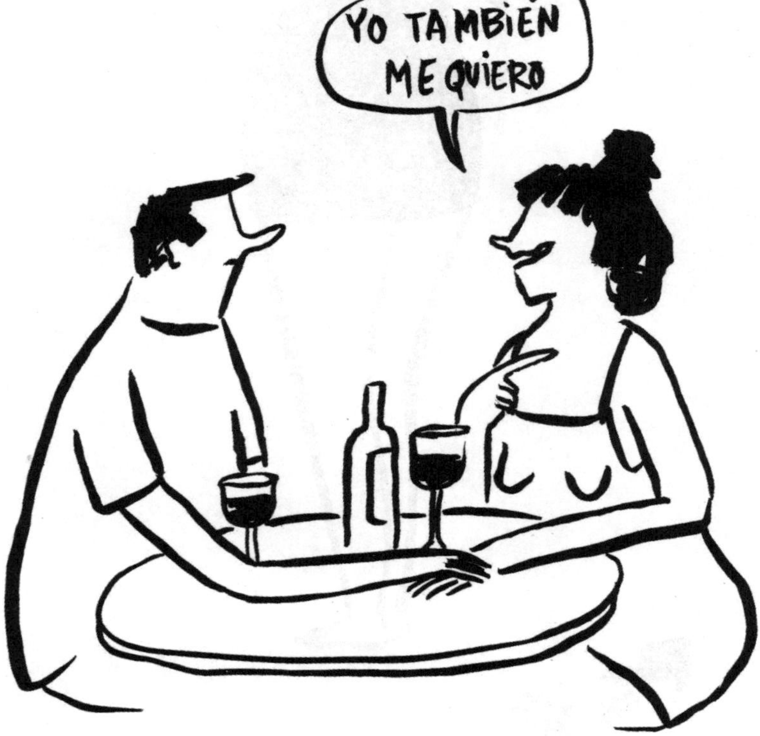
YO TAMBIÉN ME QUIERO

2

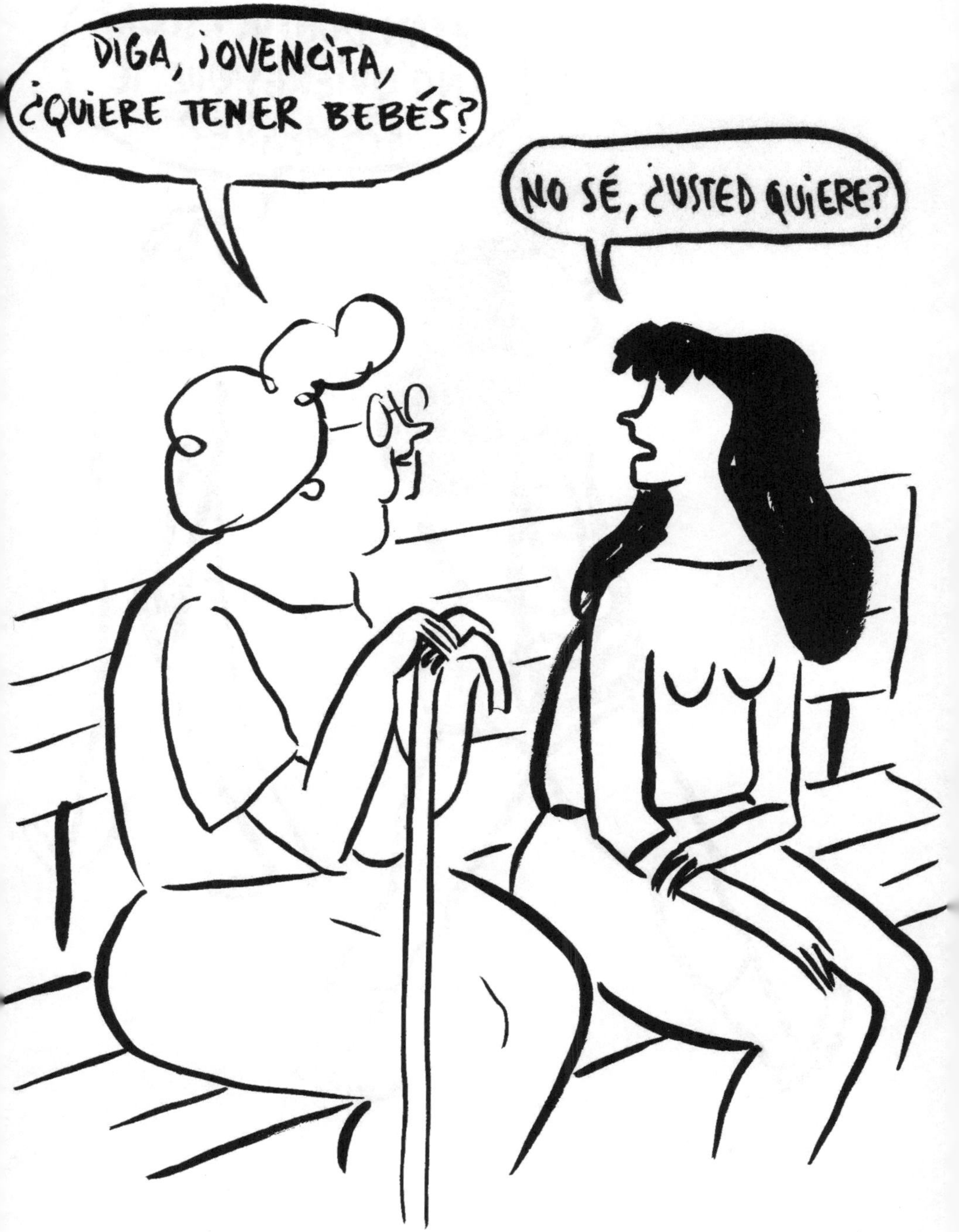
DIGA, JOVENCITA, ¿QUIERE TENER BEBÉS?
NO SÉ, ¿USTED QUIERE?

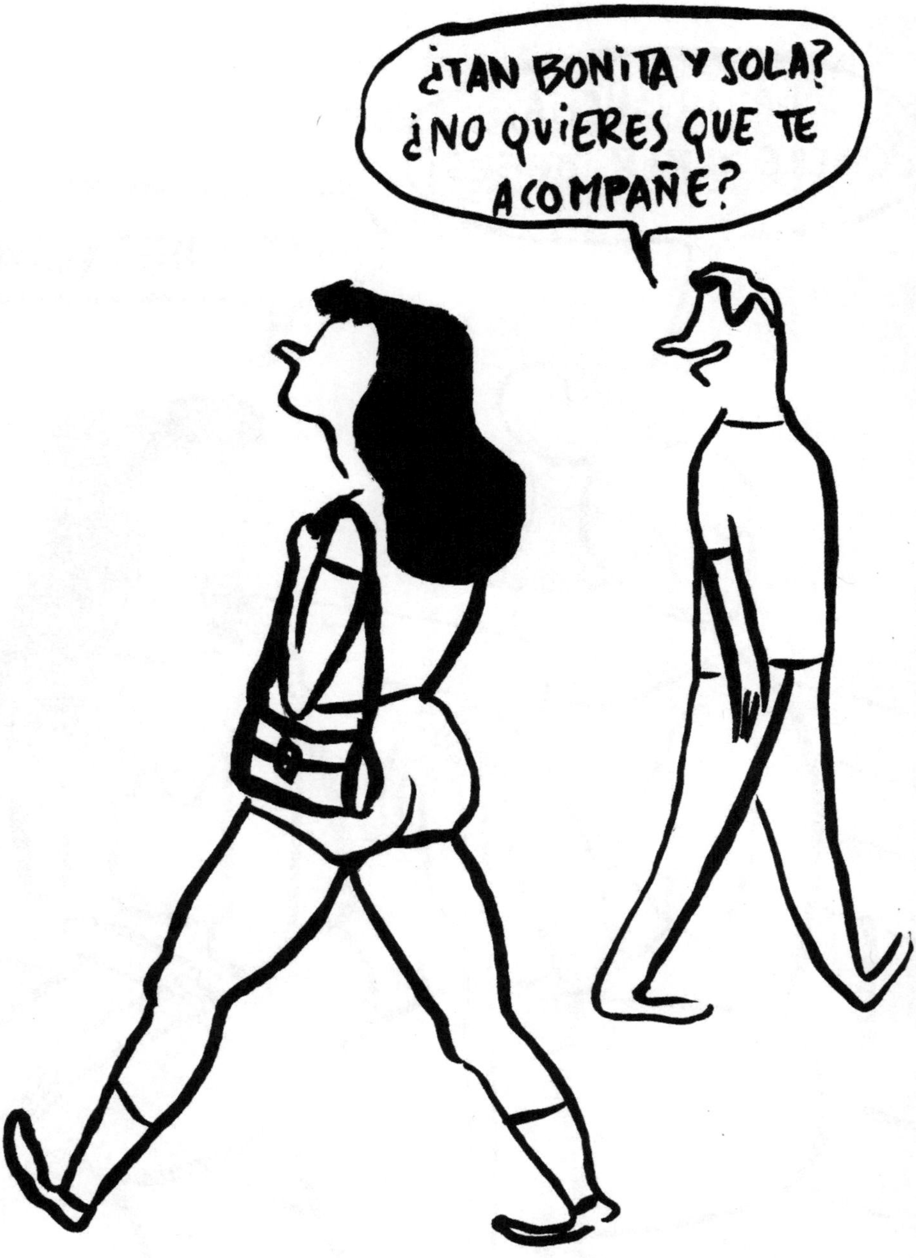
¿TAN BONITA Y SOLA? ¿NO QUIERES QUE TE ACOMPAÑE?

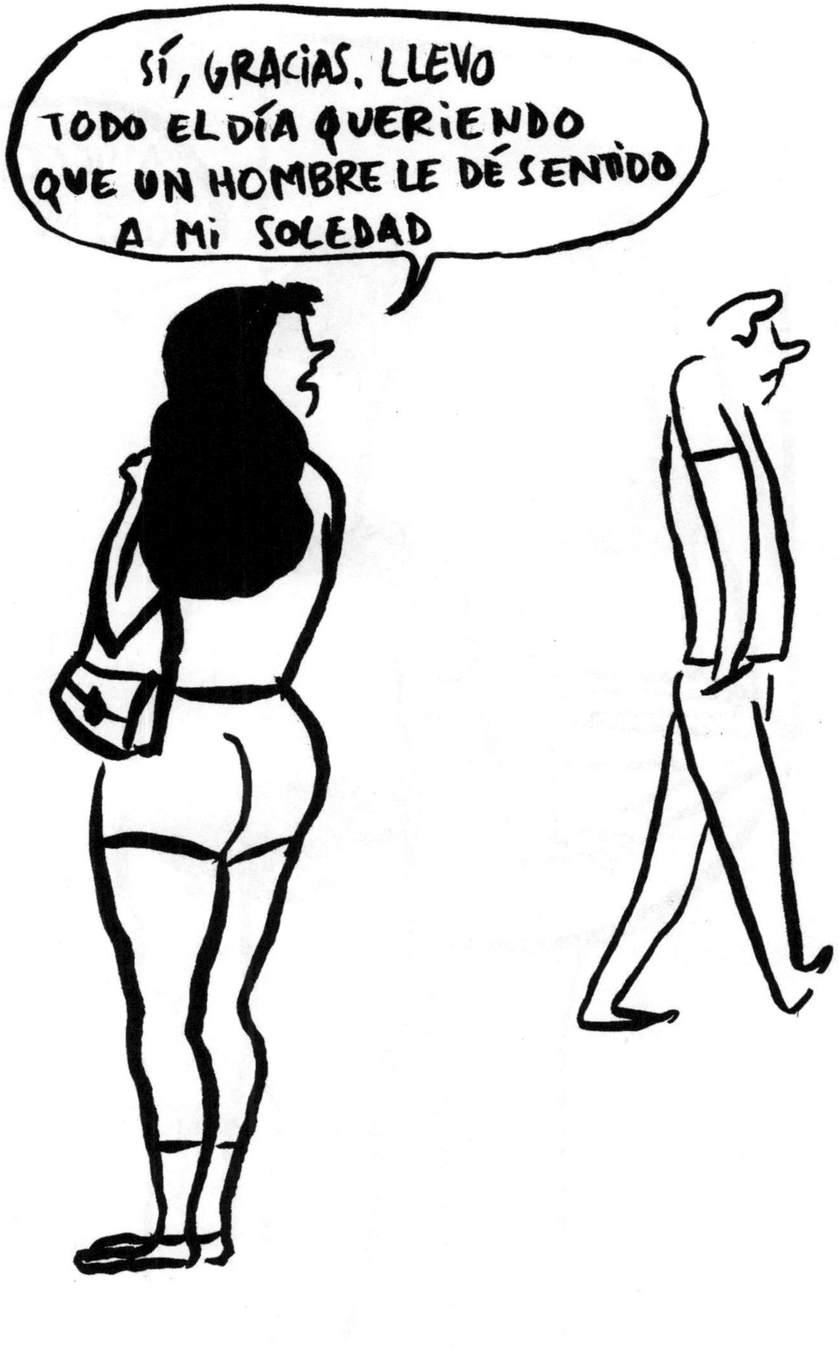
SÍ, GRACIAS. LLEVO TODO EL DÍA QUERIENDO QUE UN HOMBRE LE DÉ SENTIDO A MI SOLEDAD

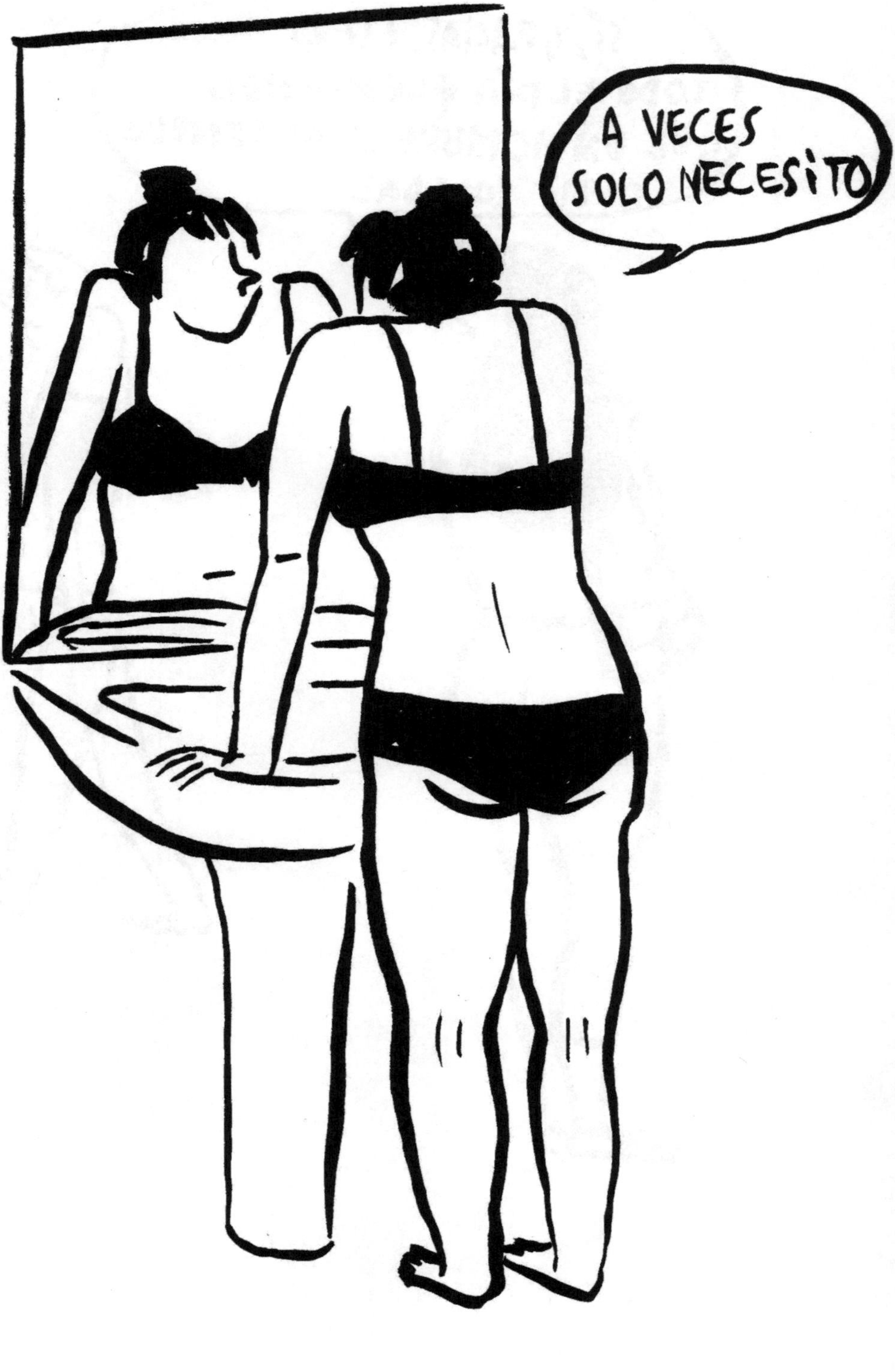
A VECES SOLO NECESITO

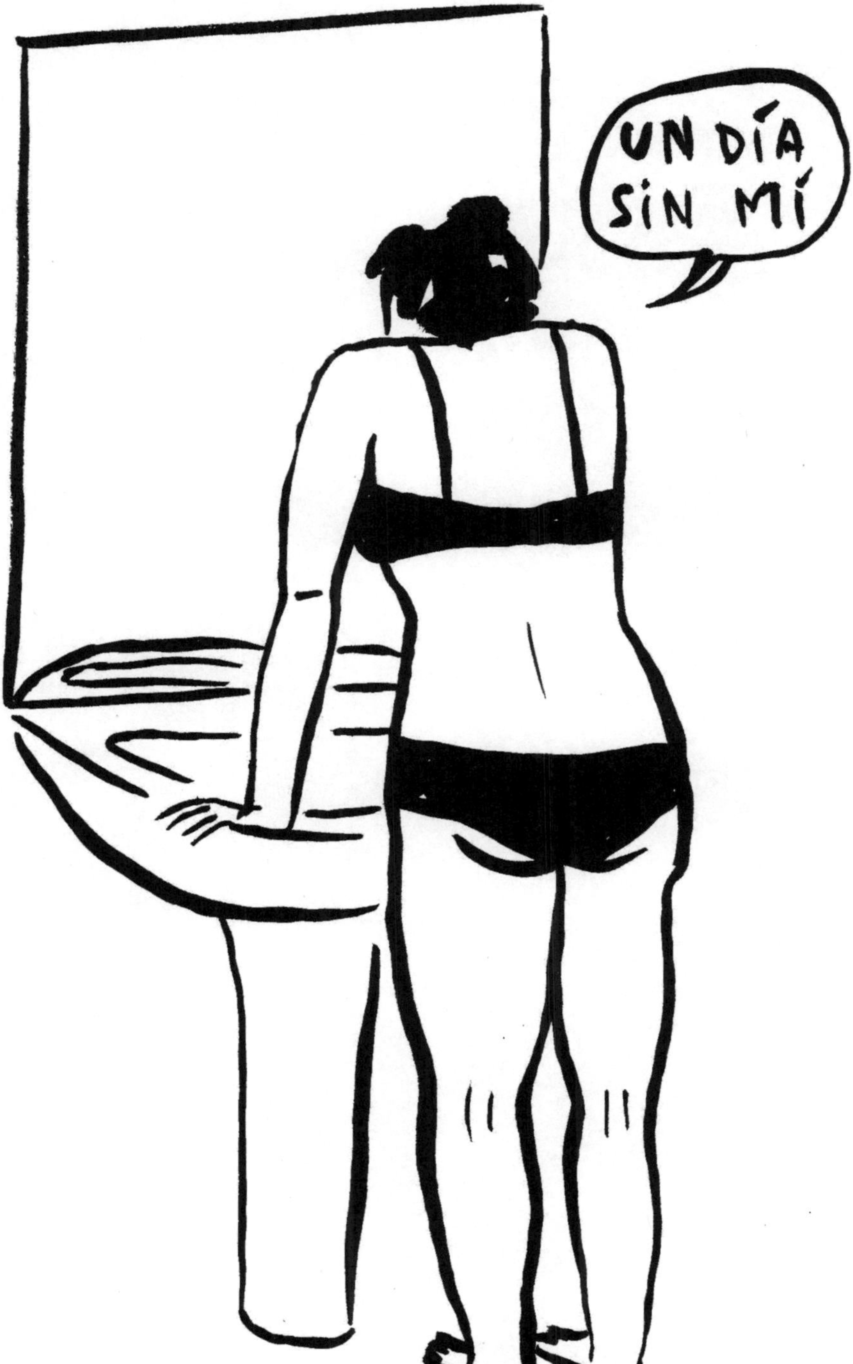
UN DÍA SIN MÍ

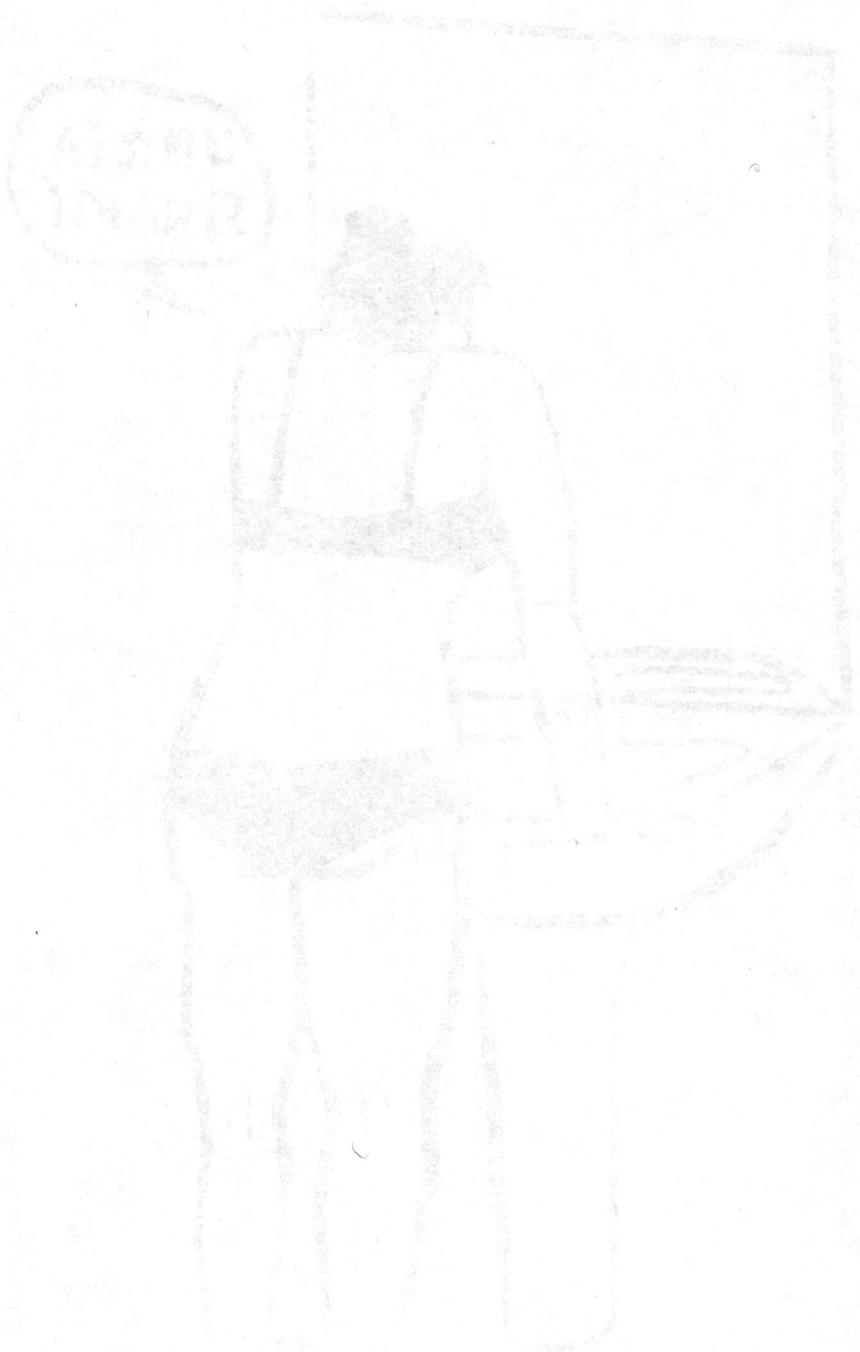

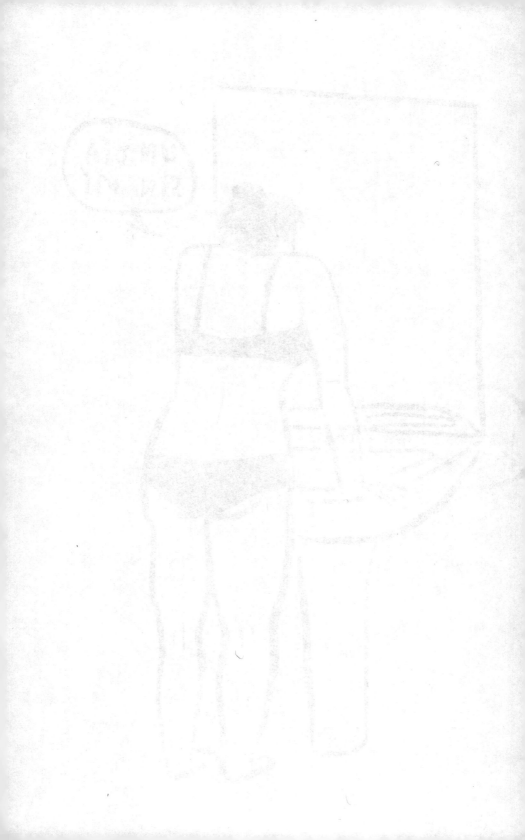

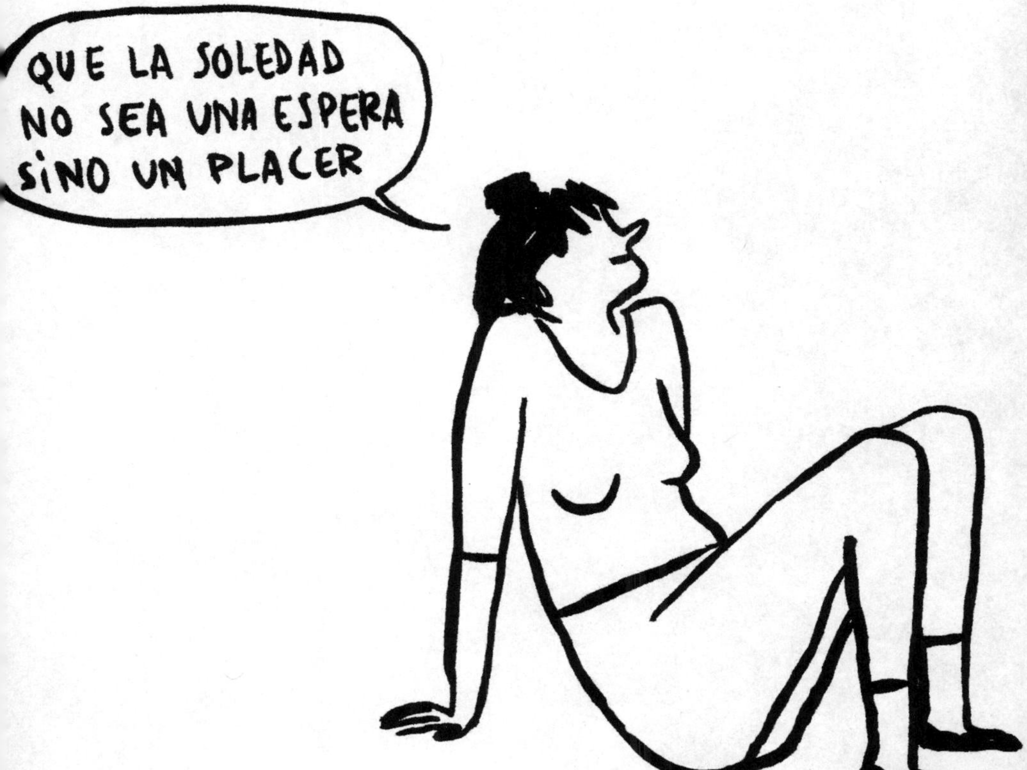
QUE LA SOLEDAD NO SEA UNA ESPERA SINO UN PLACER